Fusions d'entreprises

Éditions d'Organisation
Groupe Eyrolles
61, bd Saint-Germain
75240 Paris cedex 05

www.editions-organisation.com
www.editions-eyrolles.com

© Groupe Eyrolles, 2008
ISBN : 978-2-212-54028-4

Franck Bancel

Jérôme Duval-Hamel

Fusions d'entreprises

Comment les gérer
Comment les vivre

EYROLLES

Éditions d'Organisation

À Julien et Sylvain,
en souvenir de leur Allemagne natale,
alors en pleine fusion.

J.

À Béatrice, Agathe, Alix, Astrid et Léopold.

F.

Les auteurs

Franck Bancel, Docteur ès Sciences de Gestion, DHDR et Professeur à l'ESCP-EAP, enseigne la finance. Conseil en fusions-acquisitions, il a aussi exercé des fonctions opérationnelles au sein des départements M & A de banques d'affaires et d'un grand groupe international. Ancien Doyen à la Recherche du groupe ESCP-EAP, il a publié de nombreux articles et ouvrages de finances.

Jérôme Duval-Hamel, Administrateur général d'une institution internationale, ancien membre de Comités exécutifs et Directoires de grandes entreprises, il a acquis une vaste pratique des fusions-acquisitions dans les secteurs privés et publics. CAPA, Docteur ès Sciences de Gestion, DHDR, il est aussi Professeur des Universités en stratégie.

Remerciements

Ce livre doit beaucoup au baron Alfred von Oppenheim, président de la banque Oppenheim, décédé en 2006, qui nous a grandement conseillés et soutenus dans cette démarche.

Que tous ceux qui ont aussi contribué à ce livre, notamment en se soumettant avec tant de disponibilité à nos enquêtes européennes, trouvent ici l'expression de notre gratitude. On nous permettra d'y associer ceux grâce à qui nous avons pu conduire avec beaucoup de plaisir de grandes fusions, tout particulièrement Jean-François Colin, Frank Esser, Klaus Mangold, Stéphane Richard et Michel de Rosen.

Sommaire

Introduction

« La fusion, c'est le passage d'un corps solide à l'état liquide sous l'action de la chaleur. C'est aussi, au sens figuré, la réunion, la combinaison étroite de deux éléments, de deux groupes. »[1]

« Association, union, intégration, mélange, combinaison, réunion, assemblage, concentration, entente, groupement, absorption, assimilation, brassage, éclectisme, fonte, fusionnement, gémination, jonction, liquéfaction, réduction, syncrétismes, unification… »[2]

Une photographie. Toujours la même scène, mais avec de nouveaux acteurs. Deux présidents d'entreprises se serrent la main longuement. La légende nous apprend qu'ils viennent de signer un accord de fusion, sous-entendu un accord « historique ». Sur cette photographie, un détail frappe le lecteur. Les personnages se serrent la main, mais sans se regarder. Ils fixent le photographe et, par-delà, le public et un avenir espéré radieux, si l'on en juge par leur large sourire longuement appuyé. Ces regards sont pourtant parallèles. Ils ne fusionnent pas… Est-ce le présage du très long chemin qui attend les deux entreprises avant qu'elles ne fassent plus qu'une ?

La chronique de la vie des entreprises est marquée depuis la fin du XIXe siècle par des vagues successives de fusions et d'acquisitions, amicales ou hostiles, nationales ou internationales. La dernière décennie a vu se multiplier ces opérations. Des secteurs aussi divers que la pharmacie ou la banque ont été restructurés massivement par des fusions et acquisitions, et ceci dans la plupart des pays. Aucune grande entreprise internationale n'a été épargnée et toutes ont acquis leur position de grand groupe mondial par voie de fusions ou d'acquisitions[3].

Le management des opérations de fusions-acquisitions n'est donc plus un sujet original pour les managers. C'est désormais un chantier récurrent. « *Cela ne me concerne pas.* » Cette phrase, entendue il y a quelques années, a désormais été remplacée par une autre : « *Comment vais-je gérer la fusion en cours ?* » Ce chantier est aujourd'hui considéré par les dirigeants, les journalistes et les experts comme majeur, peut-être le principal… « *Nous tous,* reconnaît le président d'un groupe allemand, *savons que la réussite d'une fusion est avant tout une histoire humaine et passe inéluctablement par la performance du management.* »

Et pourtant… Étonnante situation que celle du management des fusions-acquisitions. Au fond, le contenu de la gestion managériale et des ressources humaines embarrasse les praticiens, et se révèle finalement peu abordé par la plupart des experts. La gestion de la donne managériale n'apparaît pas de façon très développée dans les études des spécialistes des fusions-acquisitions. Si les chercheurs ont investi le terrain de la performance économique, de l'approche organisationnelle et stratégique des fusions, peu ont examiné l'intégralité des processus managériaux.

Dans ce contexte, l'objectif de cet ouvrage est de livrer aux dirigeants et managers confrontés à une fusion et aux chercheurs un état combiné de la théorie et de la pratique de la gestion des fusions-acquisitions.

Deux objectifs

Expliciter et « décoder » les fusions

Les fusions-acquisitions constituent un jeu de miroir déformant, où il n'est pas toujours facile de connaître le dessous des cartes : « *Les managers sont confrontés à des dynamiques dont ils ne comprennent pas les tenants et aboutissants. On sent bien qu'il y a des enjeux complexes, par exemple du point de vue juridique et de la spéculation. Cela nous faciliterait la tâche de les connaître, en particulier face au personnel qui attend de nous des éclaircissements. »*

Dans ce livre, nous avons tenté de décoder ces opérations afin de faciliter le travail opérationnel des managers et celui des étudiants et des universitaires engagés dans l'exploration et l'analyse des « boîtes noires » que sont les fusions-acquisitions.

Présenter les savoirs clés et les *best practices*

Ce livre doit permettre aux dirigeants et à l'encadrement d'acquérir les connaissances indispensables au management des fusions-acquisitions. Nous essayons notamment de répondre aux questions suivantes :

- que doivent savoir les managers, les salariés et l'ensemble des parties prenantes impliqués dans une opération de fusion-acquisition ?

- quelles sont les grandes étapes de l'opération ?

- quelles sont les zones à risques ?

- quelles sont les connaissances indispensables dans les grands domaines de gestion comme les ressources humaines, la finance, l'organisation, la stratégie, le droit, etc. ?

Pour le recueil des *best practices*, nous avons analysé un échantillon de cinquante fusions-acquisitions réalisées en France, en Allemagne, au Royaume-Uni, en Suisse et en Scandinavie. Les dirigeants et les managers ont été nos interlocuteurs privilégiés. Nous avons aussi recueilli des informations à partir de sources écrites (rapports d'audit, documents institutionnels, notes d'information). Une grande partie des personnes rencontrées ayant souhaité préserver la confidentialité des informations communiquées, nous avons généralisé l'anonymat dans l'étude. Seuls sont mentionnés les noms d'entreprises dont les informations citées proviennent du domaine public (presse, sites Internet, etc.).

Nous avons aussi conduit une enquête auprès de mille salariés et managers[4] sur leur vécu des fusions-acquisitions et une autre auprès de cinquante dirigeants européens.

Ce livre est enfin fondé sur l'expérience des auteurs et les principales études scientifiques effectuées par les spécialistes.

Une approche pluridisciplinaire novatrice

Pour atteindre ces objectifs, nous avons opté pour une approche pluridisciplinaire.

Les fusions-acquisitions sont souvent présentées à travers le seul prisme financier ou, depuis quelque temps, par la seule dimension RH. Cela nous paraît réducteur car la gestion des OFA (Opération de Fusion-Acquisition) se révèle plurielle.

Quelle que soit l'opération de fusion-acquisition considérée, les dirigeants sont le plus souvent entourés de spécialistes et ont du mal à réconcilier les approches. Les managers, eux, sont souvent « abandonnés » à la gestion opérationnelle, sans avoir été formés au préalable à un savoir spécifique. Cet ouvrage doit leur permettre d'acquérir une vision d'ensemble des problématiques liées aux fusions-acquisitions. C'est ce que nous tentons de faire à partir d'une synthèse des différentes disciplines mobilisées par les fusions, telles que le droit, la stratégie, la gestion, la finance, l'économie, la sociologie et la psychologie.

Plan de l'ouvrage

Manager les fusions implique tout particulièrement d'appréhender :

- les enjeux et missions spécifiques pour les managers (chapitre 1) ;
- les objectifs et les mobiles des OFA (chapitre 2) ;
- les différentes modalités d'OFA (chapitre 3) ;
- l'organisation du projet d'OFA (chapitre 4) ;

- les paramètres financiers (chapitre 5) ;
- les paramètres juridiques (chapitre 6) ;
- la gestion de l'intégration (chapitre 7) ;
- la gestion des RH (chapitre 8).

Les managers ne devront pas nécessairement connaître toutes les spécificités techniques de chaque discipline, mais disposer d'un niveau de culture suffisant pour appréhender chacun des domaines. À travers ce cheminement, nous espérons pouvoir aider les chercheurs et les managers à mieux aborder les opérations de fusion-acquisition.

Comment lire ce livre ?

Pour faciliter la lecture de cet ouvrage, nous utilisons le terme OFA pour désigner les opérations de fusion-acquisition.

Les citations de praticiens relevées durant nos entretiens et reprises dans cet ouvrage figurent entre guillemets et en italique.

Nous nous intéresserons tout particulièrement aux OFA associées à une volonté de contrôle (*versus* les acquisitions gérées comme de simples placements financiers). Nous traitons principalement les grandes opérations qui engagent des capitaux importants et ont des conséquences majeures pour les managers de l'acquéreur et de la cible. Ces opérations s'avèrent les plus intéressantes à examiner et riche d'enseignements : elles sont les complexes à gérer, modifiant de manière significative les structures des entreprises impliquées, les conditions du contrôle et de la gouvernance et engendrent de ce fait une problématique d'intégration forte[5] à la charge du management.

Cela étant, les fusions-acquisitions concernent également des cibles de petite taille. Certaines entreprises disposent d'ailleurs d'un modèle économique reposant sur l'intégration d'un grand nombre de petites entreprises. C'est pourquoi, quand cela a été possible, nous avons décrit les mécanismes, les dispositifs internes ou les procédures qui sous-tendent ces opérations.

Chapitre 1

La gestion des fusions-acquisitions : enjeux et missions spécifiques des managers

Les OFA sont devenues un phénomène majeur et un chantier extrêmement fréquent pour les managers.

Dans notre enquête réalisée auprès de mille salariés, 75 % d'entre eux disent avoir vécu au moins une OFA dans leur carrière et 52 % depuis 2003. Cette opération ne revêt donc plus un caractère exotique et rare : « *C'est devenu un classique de la vie des entreprises, une figure imposée.* »

Nous expliquerons dans ce chapitre l'importance de la maîtrise de ce chantier pour la carrière des managers et nous exposerons les compétences qu'il leur faut acquérir.

Un enjeu professionnel majeur pour les managers

Savoir gérer une OFA s'avère aujourd'hui essentiel pour les managers. Trois raisons principales peuvent être avancées.

Un chantier récurrent et incontournable

« *Échapper à la gestion d'une fusion est aujourd'hui un leurre* », reconnaît le président d'un groupe suédois. Plus globalement, les dirigeants interrogés dans notre enquête placent en tête de leurs préoccupations les problématiques de croissance externe de leur entreprise, avec, comme volonté affichée, la création d'entreprises de plus en plus grandes. Le directeur général de L'Oréal a ainsi déclaré : « *Auparavant, si quelque chose était à vendre, nous regardions. Nous avons inversé la logique : maintenant on considère qu'on est intéressé par tous les dossiers et c'est à nos équipes de démontrer le cas échéant qu'il y a de bonnes raisons de ne pas le faire, cela afin que L'Oréal ne puisse rater aucune opportunité.* »[6]

L'importance des OFA dans la vie économique n'est plus à démontrer, comme en attestent par ailleurs la création de journaux spécialisés (comme le mensuel américain *Mergers & Acquisitions*) et l'instauration de rencontres et de studieux congrès de spécialistes.

La presse généraliste évoque également de manière régulière les OFA. Ainsi, pour la période de septembre 2002 à août 2006, nous avons relevé dans la presse française plus de 1 400 articles consacrés aux fusions. Soixante-dix pour cent d'entre eux portaient sur les commentaires d'opérations, 40 % évoquaient les aspects financiers des fusions (résultats, actionnariat, etc.), 40 % portaient sur la dimension humaine et culturelle des fusions et 15 % concernaient les échecs de ces concentrations d'entreprises.

Les grandes vagues de fusions-acquisitions

Avec le recul de l'histoire, on constate que les OFA se déroulent par grandes vagues cycliques[7].

Historique

La première vague, qui se termine avant le début du premier conflit mondial, concernait principalement de grandes entreprises industrielles d'un même secteur (opérations horizontales). Cette concentration allait jusqu'à la création de positions monopolistiques (« *merger for monopoly* »). Des entreprises comme US Steel, les premiers groupes chimiques allemands ou la Compagnie générale des eaux sont issus de cette première vague.

Après l'adoption dans les années 1920 d'une législation anti-trust aux États-Unis, une seconde vague de consolidations, dite « *mergers to oligopoly* » et d'expansion du marché se déroule. De grandes entreprises comme General Motors, Rhodia ou encore Schneider seront ainsi développées lors de cette vague.

La troisième vague, qui se situe dans les années 1970, se traduit par des fusions de type conglomérat, « *the wave of conglomerates* ». Dans une logique de diversification, l'entreprise conglomérale possède ainsi des activités dans des domaines fort différents et non liés. Ces entreprises seront ensuite démantelées dans les années 1980.

La quatrième vague, celle des années 1990, concerne tous les secteurs et se caractérise par les fusions d'activités nées du démembrement (*split et spin off*) de conglomérats, d'opérations de LBO (*leverage by out*, ou « effet levier de la dette ») ainsi que d'opérations hostiles.

La cinquième vague est celle des « mégafusions » et débute au milieu des années 1990. Ces opérations de plus en plus internationales sont majoritairement horizontales et visent la consolidation dans un secteur, une industrie ou une région. Leur but consiste donc à rendre l'entreprise plus compétitive dans son métier de référence. Ces opérations sont souvent financées par échange d'actions et atteignent des montants très importants avec des opérations de taille majeure dans certains secteurs comme les médias, le pétrole, la banque ou encore la pharmacie.

Nous citerons notamment la fusion en 2000 de **Time Warner et d'American On Line** pour 164,7 milliards de dollars et celle de **Glaxo Wellcome** et de **SmithKline Beecham** pour 74,5 milliards de dollars, puis en 2001 celle de **Comcast Corporation** et de **AT&T Broadband and Internet SVCS** pour 72 milliards de dollars.

Phase actuelle

La phase actuelle, qui a débuté en 2004, constitue le prolongement de cette période, après la pause forcée liée à l'éclatement de la bulle Internet et des télécoms.

Les « mégafusions » se poursuivent dans la plupart des secteurs : pharmacie avec Sanofi Synthélabo et Aventis en 2004 pour 60,2 milliards de dollars, banque avec JP Morgan Chase & Co et Bank One Corporation en 2004 pour 58,7 milliards de dollars.

En 2006, le montant des OFA annoncées est le plus élevé de tous les temps, avec un total de 3 800 milliards de dollars dans le monde, en augmentation de 38 % par rapport à 2005 et dépassant le précédent record de l'année 2000 (3 400 milliards de dollars annoncés[8]). En 2007, les OFA se sont poursuivies dans la plupart des secteurs de l'industrie et des services.

Selon *Thomson Financial,* le secteur de l'énergie était en 2006 le premier concerné par les OFA aux États-Unis ou en Europe (respectivement 258 et 351 milliards de dollars de transactions annoncées). La bataille boursière entre Eon et Acciona/Enel pour le contrôle d'Endesa ou la fusion entre égaux Suez Gaz de France en constitue l'exemple parfait. On trouve ensuite les secteurs de la finance et des matières premières pour l'Europe, les médias et la finance pour les États-Unis. Mais l'ensemble des secteurs des services et de l'industrie se trouve fortement concerné par les OFA.

La phase actuelle se caractérise également par une internationalisation des OFA et notamment par l'émergence d'acquéreurs issus de pays en développement.

L'apparition des fonds d'investissement, y compris de fonds con-trôlés par des gouvernements, comme acteur majeur des fusions-acquisitions marque aussi un tournant important. On estime qu'en 2006 les opérations ayant impliqué des fonds d'investisse-ment ont représenté près de 20 % du marché mondial des OFA. Aux États-Unis, cinq opérations réalisées en 2006 et impliquant des fonds ont dépassé les 25 milliards de dollars[9]. Les fonds sont désormais positionnés sur la plupart des OFA et proposent des alternatives aux offres de rachats des industriels. Ils sont également capables de se muer en prédateurs pour les grands groupes cotés, ce qui constitue une évolution majeure du marché mondial des fusions-acquisitions.

Ainsi, plusieurs **fonds de *private equity*** se sont déclarés intéressés par le lancement d'une offre sur le cigarettier **Altadis**. Selon le *Financial Times* (27 mars 2007), la présence de ces fonds devait inciter **Imperial Tobacco** à relever les conditions de son offre.

L'engouement pour les fusions-acquisitions se répand à travers le monde, à mesure que des pays émergents comme la Chine, l'Inde, le Brésil et bien d'autres s'ouvrent aux investisseurs internationaux et prennent leur place sur la scène internationale. Rappelons d'ailleurs qu'à la fin 2006, certaines entreprises russes ou chinoises étaient déjà des leaders mondiaux incontestés. Gazprom, le géant pétrolier russe, est ainsi la cinquième capitalisation boursière mon-diale. China Mobile est la première entreprise mondiale de télé-coms et l'on pourrait multiplier les exemples. De ce point de vue, si l'on considère la poursuite de l'internationalisation des entreprises des pays émergents, le mouvement des fusions et acquisitions ne semble pas près de s'arrêter.

Plus globalement, les médias soulignent cette logique de cycle, annonçant régulièrement l'essor des fusions, leur développement, leur stabilisation et enfin leur renouveau. Un dirigeant nous a proposé l'éclairage suivant : « *Je crois que les opérations de fusion existeront tou-*

jours. La croissance externe est, depuis l'industrialisation, une opération classique et incontournable de développement des entreprises. Par moment, le rythme des fusions diminue mais, à y regarder de plus près, c'est parce que l'on vient de fusionner. Une fois la phase digestive passée, les fusions reprennent. »

Tout cela est significatif de l'histoire des OFA : on les glorifie, on les rejette, on annonce leur fin et l'on continue toujours à en faire de nouvelles. Ainsi, un grand journal européen faisait récemment sa Une sur « *L'échec et la fin des grandes fusions…* ». Mais la même publication, le même jour… à la page suivante, annonçait que Bayer allait réussir un grand projet stratégique : la fusion avec Crop-Science, elle-même née de la fusion Rhône-Poulenc/Hoechst ! Selon certains auteurs[10], et malgré le niveau déjà atteint par les OFA, de nombreux secteurs industriels et de services conservent encore un potentiel important de concentration[11]. Le nombre des OFA potentielles restant à réaliser serait encore plus important. Il est d'ailleurs désormais assez courant que deux « fusionnés » d'aujourd'hui fusionnent demain avec de nouveaux groupes.

Finalement, au-delà d'une conjoncture qui favorise ou défavorise ces opérations, la « fusionnite » sévit encore et toujours[12]. Nous verrons plus loin pourquoi, en expliquant que les OFA sont constitutives du mode de développement des entreprises et de sa validation par la communauté financière.

Cartographie des fusions

Les États-Unis sont le pays où les OFA sont les plus nombreuses, avec respectivement plus de 1 153 et 1 565 milliards de dollars de transactions annoncées en 2005 et 2006 (905 et 1 309 milliards de dollars de transactions réalisées en 2005 et 2006) *(Voir tableau 1 page 24).*

L'Europe apparaît comme le deuxième foyer mondial. Plus de 1 041 et 1 432 milliards de dollars de transactions ont été annoncés en 2005 et 2006 pour 912 et 999 milliards de dollars de transactions finalement réalisées.

Comme déjà indiqué, de nouvelles zones géographiques deviennent actives en matière d'OFA. Des pays comme le Brésil (33 milliards de dollars de transactions annoncés en 2006), le Mexique (46 milliards de dollars de transactions réalisées en 2006) ou la Chine (43 milliards de dollars de transactions en 2006) sont désormais des lieux non négligeables pour les OFA. En outre, les groupes issus de ces pays émergents sont aujourd'hui capables d'acquérir des sociétés européennes ou américaines. L'offre de Mittal Steel sur Arcelor ou la bataille sur Corus opposant l'Indien Tata au Brésilien CSN l'illustrent bien.

Tableau 1 - OFA annoncées et réalisées dans le monde en 2005 et 2006

	OFA annoncées				OFA réalisées			
	1/1/2006 - 31/12/2006		1/1/2005 - 31/12/2005		1/1/2006 - 31/12/2006		1/1/2005 - 31/12/2005	
	Valeur mil. d'USD	Nombre d'OFA	Valeur mil. d'USD	Nombre d'OFA	Valeur mil. d'USD	Nombre d'OFA	Valeur mil. d'USD	Nombre d'OFA
Total Mondial	3 799 082	36 958	2 754 746	33 570	2 859 402	24 573	2 273 329	24 129
Amérique	1 854 635	13196	1 290 333	11357	1 509 199	9950	1 018 294	9105
Amérique centrale	52 008	201	7 375	114	8 866	129	7 593	85
Mexique	46 464	162	6 494	81	5 879	102	6 599	62
Amérique du Sud	60 509	555	33 681	384	42 262	380	28 766	279
Argentine	5 215	96	2 535	58	3 968	68	3 418	42
Brésil	33 168	234	12 218	182	22 237	176	10 947	149
Caraïbes	14 543	113	6 523	105	10 557	78	9 944	82
Amérique du Nord	1 727 575	12327	1 242 754	10574	1 447 514	9363	971 991	8659
Canada	162 433	1894	89 329	1519	138 832	1277	66 220	1016
États-Unis	1 565 142	10433	1 153 425	9235	1 308 682	8086	905 771	7643
Afrique/Moyen-Orient	64 522	770	30 561	567	41 566	402	21 540	326
Afrique du Nord	9 855	69	2 769	64	5 199	47	3 754	45
Afrique subsaharienne	31 154	457	17 706	295	21 559	217	11 105	165

Moyen-Orient	23 513	244	10 086	208	14 808	138	6 681	116
Europe	1 432 069	11741	1 041 836	10687	999 115	8246	911 924	8100
Europe de l'Est	80 725	1398	77 283	1222	58 122	909	69 711	802
Europe de l'Ouest	1 351 345	10343	964 553	6765	940 993	7337	842 213	7298
France	162 403	1271	106 679	1131	128 552	1013	66 952	977
Allemagne	135 066	1652	109 221	1392	116 171	1075	86 347	1007
Grande-Bretagne	348 914	2579	305 604	2561	319 184	2048	315 748	2168
Asie Pacifique	343 314	8726	230 334	8372	200 558	4547	181 275	4938
Australasie	117 577	2415	69 306	2243	68 234	1626	68 008	4606
Australie	108 822	2002	57 783	1887	59 600	1302	57 512	1338
Nouvelle-Zélande	8 966	384	10 639	310	7 851	299	10 287	247
Asie du Sud-Est	65 739	1911	43 699	2092	32 103	1181	34 586	1463
Malaisie	27 606	873	7 009	944	8 492	592	5 814	719
Philippines	8 252	127	7 626	146	1 731	58	6 895	81
Asie du Nord	119 765	3157	90 441	2957	63 121	1100	63 083	1325
Chine	43 169	1923	30 549	1757	22 533	562	18 513	668
Honk Kong	27 768	772	20 658	770	18 593	380	15 721	447
Asie du Sud	36 286	1197	25 778	1038	35 071	613	13 856	521
Asie Centrale	3 947	46	1 111	42	2 030	27	1 742	23
Japon	103 236	2525	161 682	2587	104 690	1428	140 296	1660

Source : Thomson Financial - http://www.lesechos.fr/medias/2007/0103//300127295.pdf

Des opérations contestées

Parallèlement, quelques grincements de dents se font entendre : « *Les managers ne peuvent ignorer cette réalité. Nous devons mettre en œuvre ce qu'ont décidé nos dirigeants, mais en même temps nous sommes assaillis de questions en interne et en externe et parfois en notre for intérieur. Tout cela nous mène où ? La poussée d'adrénaline du début est vite recadrée par des interrogations, des contestations.* »

Plus précisément, les OFA ne seraient qu'une mode cyclique, alimentée par les ambitions personnelles de quelques dirigeants à l'esprit conquérant.

Pour d'autres esprits critiques, les OFA n'apporteraient pas les résultats escomptés. De nombreuses études de grands cabinets de conseil évoquent d'ailleurs l'échec des fusions (voir chapitre 5, p. 107).

Cette perception est très fortement ancrée désormais dans l'esprit des salariés, managers et autres acteurs des fusions. Sur les mille salariés interrogés, 85 % connaissaient ce résultat des études (moins de 1 % a dit les avoir lues !) et s'accrochaient à cette perception. « *1 + 1 devait faire 3 et ne ferait finalement qu'un et demi, si ce n'est moins…* » Selon ces études, la cause majeure de l'échec des fusions serait notamment la mauvaise gestion de l'intégration et des RH. Nous reviendrons dans les chapitres suivants sur la pertinence de ces études.

Depuis quelques années, les médias évoquent une autre face sombre des OFA : souffrance des salariés, perte de repères et d'identité, réductions d'emplois, délocalisations, fermetures de sites. Les titres dans la presse sont éloquents : « *Tu fusionneras dans la douleur* », « *Au secours, ma boîte fusionne* », « *Les fusions se poursuivent à marche forcée* », « *X taille encore dans ses effectifs* ». Et si les salariés soucieux de leur emploi et de leurs conditions de travail, perdus dans les méandres organisationnels des OFA, venaient à compromettre les belles constructions économiques, financières et boursières de leurs dirigeants ?

Un chantier où le management est sur-sollicité et exposé

Les managers, agents clés des OFA

« *Pour les entreprises, les fusions-acquisitions font désormais partie du quotidien et le rôle des managers y est crucial : les dirigeants les pensent, les rêvent et nous, managers, nous les réalisons, les mettons en œuvre opérationnellement, sous la pression permanente des dirigeants.* »

« *Une fois la fusion annoncée, les regards du sommet de la hiérarchie et de la base se focalisent sur le management, qui va devoir mettre tout cela en musique et devenir le chef d'orchestre de ce projet un peu pharaonique.* » La majorité des dirigeants et des salariés que nous avons interrogés partagent ce point de vue d'un DRH suisse.

Cette centralité du management constitue une contrainte forte. Si les dirigeants se vivent et sont perçus comme les initiateurs des OFA, l'encadrement, lui, est perçu comme la « *cheville ouvrière, les mécaniciens du projet présidentiel* ». Les médias, cabinets de conseil et actionnaires se font écho de l'importance de la dimension managériale : « *C'est elle qui sauve la fusion.* »[13]

Des managers sous pression

La gestion des OFA par les managers implique de nombreuses zones de sur-sollicitation.

« *Les fusions sont chronophages.* » Elles impliquent la participation à un grand nombre de réunions de coordination entre les deux entreprises, avec de nouveaux experts externes ès fusions.

Le chantier des OFA requiert également la mobilisation des compétences particulières : « *Des savoir-faire, des savoir être complexes qui exigent de la culture économique, juridique, de gestion du changement, de gestion des ressources humaines pointue.* »

Les OFA se traduisent également par une réelle suractivité. « *On peut difficilement déléguer ou "outsourcer" ces missions… On doit y aller.* » Selon les managers interrogés, la gestion d'une fusion représente pour eux une surcharge approximative de 30 à 60 % de travail. Pour les dirigeants, cette surcharge se situe davantage lors de la phase de négociation et d'annonce. En revanche, les dirigeants sont moins impliqués dans la phase de mise en œuvre post-OFA, qui relève davantage des managers.

Ces derniers sont également sous tension, car ils sont pris entre la direction et les salariés, et en questionnement vis-à-vis de leur propre évolution. Cette période engendre un stress que des entreprises ont clairement reconnu. Ainsi, lors de l'intégration de banques, HSBC forme les managers à la gestion du stress.

L'hyper gestion du personnel

Les OFA imposent également au management de proximité une hyper gestion de ses « troupes ». Cette GRH s'articule autour de la communication, de l'information interne vis-à-vis du personnel et des parties prenantes internes et externes de l'entreprise : *« Le personnel est si inquiet, curieux et quelque peu déboussolé par l'annonce et la réalisation de la fusion. »*

Un panel de managers interrogés définit ainsi sa mission : *« Notre rôle est d'abord de motiver nos collaborateurs pour s'impliquer dans la fusion sans oublier de faire le business quotidien. »* Nous pouvons résumer cette hyper GRH en cinq chantiers.

Écoute et dialogue

Le manager accepte de passer du temps auprès de ses collaborateurs pour identifier les craintes de chacun. Il laisse les résistances s'exprimer et suscite la confiance.

Communication sur la nouvelle organisation

Le manager décline les objectifs et précise les raisons d'adhérer à ce nouveau projet. Il présente les rôles et missions de chacun et intègre les nouveaux arrivants.

Implication des salariés

Le manager veille à impliquer les salariés dans la mise en place de nouvelles procédures et de façon plus vaste dans le changement.

Organisation de réunions mixtes

Le manager établit un dialogue entre le personnel des deux sociétés. Ainsi, quand deux entreprises anciennement concurrentes se sont retrouvées dans des locaux communs, les commerciaux ont été obligés de communiquer ensemble lors de réunions organisées par les managers, qui se devaient de montrer l'exemple.

Exemplarité

Il reste enthousiaste et véhicule une image positive de la nouvelle entreprise.

Savoir gérer une fusion, un atout pour faire carrière

Une compétence recherchée

« *Avoir su gérer une fusion peut se révéler très payant en termes de gestion de carrière.* » Aux yeux des directions des ressources humaines, cette expérience montre la présence de deux atouts importants : la capacité à gérer un chantier incontournable dans la vie de l'entreprise et l'aptitude plus vaste à gérer les problématiques de « *change management* », dans la mesure où les OFA sont censées être un concentré des grands changements à gérer en entreprises.

Il est important, selon les DRH, d'avoir été confronté à des OFA dans sa carrière[14]. « *Cela présage d'une capacité à gérer auxquelles nous sommes tous un jour ou l'autre confrontés, mais aussi d'une capacité à gérer des changements plus mineurs et plus fréquents, par exemple la réorganisation d'activité, la création de sociétés, le développement rapide de business, des plans sociaux. Tout ça, quand vous avez géré une fusion, vous avez dû apprendre à le gérer. En d'autres termes, les fusions sont les concentrés des changements classiques opérés dans les entreprises.* »

Certains chasseurs de tête constatent que les entreprises recherchent de plus en plus souvent des managers « rompus à la gestion des fusions » : « *Savoir manager des fusions est désormais une compétence discriminante. Je pense qu'elle sera bientôt un requis de base pour les hauts cadres.* » Ce savoir-faire spécifique implique la maîtrise de tout un champ de connaissances et de pratiques encore plus vastes.

Les dirigeants interrogés partagent la même vision de la portée des OFA : elles sont « *une école de formation haut niveau* ».

— « *Gérer une fusion, c'est un baptême du feu de vrai manager. Après, les managers seront crédibles pour gérer d'autres changements.* »

— « *C'est un peu un certificat de savoir-faire des techniques primordiales.* »

— « *Qui sait gérer une fusion saura gérer tout changement.* »

— « *C'est un élément de carrière important. Les analystes financiers, les banques, mais aussi parfois les syndicalistes et même le personnel aiment savoir si leurs dirigeants et le management ont une expérience, une expertise dans la gestion des fusions. C'est une compétence discriminante pour la gestion de tout changement majeur dans une entreprise.* »

— « *C'est la philosophie du vieil adage : qui peut le plus, peut le moins. Or le plus complexe, le plus complet, c'est une gestion de fusion.* »

L'occasion de se professionnaliser en gestion des changements

Selon les spécialistes[15] et praticiens, la gestion d'une OFA est avant tout une opération de gestion du changement.

Les OFA affectent en profondeur les structures et les pratiques de gestion des entreprises. Elles offrent ainsi aux managers (et aux chercheurs) un « *catalogue complet des changements* », notamment dans les trois domaines suivants : gestion des organisations, gestion des hommes, développement des compétences personnelles.

La gestion des organisations

La croissance externe implique un fonctionnement spécifique de l'entreprise[16]. Lorsqu'une firme se développe par croissance interne, son portefeuille s'élargit progressivement. Le chiffre d'affaires augmente grâce à la conquête de nouveaux marchés et de nouvelles clientèles. Le potentiel de l'entreprise, ses actifs, son patrimoine matériel ou immatériel évolue au rythme de ses efforts et de ses investissements et des salariés de l'entreprise.

Dans le cas des OFA, tous les changements structurels « *sont en cumulé* » : création(s) et liquidation(s) de société(s), consultation(s) des partenaires sociaux, perte de sens et d'affiliation, modification du statut, suppression réelle ou fantasmée d'emplois, internationalisation, changement de groupe, évolution professionnelle, etc.

« *Explorer les fusions, c'est investir ce champ de recomposition juridique, de remodelage d'identité, de combinaison de projets industriels. Les opérations de fusions conduisent au niveau des ressources humaines à un rapprochement d'équipes travaillant dans des cultures, des valeurs et des statuts très différents, ce qui implique des bouleversements majeurs* », constatait la présidente de l'Observatoire des Relations Économiques et Sociales[17].

Les OFA imposent un « *concentré temporel des changements structurels* ». Elles induisent intrinsèquement un grand nombre de bouleversements organisationnels, et ce dans une période assez courte car les dirigeants imposent en règle générale un rythme rapide de réalisation de l'OFA.

La gestion des hommes

Les OFA ont évidemment des conséquences majeures sur le plan des ressources humaines. « *Gérer une fusion c'est aussi investir la GRH. C'est aller au feu, au-devant des troupes, travailler avec les syndicats pour gérer tous les changements qui font suite aux fusions. C'est une épreuve de gestion des hommes.* »

Du point de vue des salariés, l'OFA constitue une rupture avec ce qu'ils ont connu et générera une « *perte de repères, un vide pour les salariés, que le management va devoir combler* ». L'encadrement doit beaucoup s'investir dans la gestion de ses équipes en cette période de crise paroxystique : « *Imaginez le désarroi des équipes qui doivent cohabiter dans la même société, dans le même établissement, dans le même bureau et déjeuner à la cantine le midi avec ceux qui étaient hier les concurrents honnis, et avec qui vous étiez en conflit professionnel et parfois personnel. Imaginez quand, grâce à une fusion, vous vous retrouvez sous les ordres d'un chef de zone qui était votre concurrent et à qui vous avez fait mordre la poussière il y a quelques mois. »*

Le développement des compétences personnelles

Les OFA affectent également le champ des compétences[18] du management. Il faut par exemple apprendre à diriger des entités souvent plus nombreuses, plus grandes et les coordonner dans leurs diversités linguistique, juridique, culturelle, géographique[19]. Le métier de manager évolue dès lors dans le sens d'une plus grande variété de tâches, où la fonction d'intégration prend le pas sur d'autres.

Le manager va devoir lui-même rapidement apprendre à évoluer dans cet environnement bouleversé. Les positions hiérarchiques et le niveau de responsabilité de la plupart des cadres sont à redéfinir. Les anciennes allégeances ne sont plus valides du fait du départ de dirigeants ou de la nouvelle organisation mise en place. Des années d'efforts pour créer des réseaux personnels dans l'entreprise sont désormais devenues caduques ou *a minima* remises en cause. Les anciennes rentes organisationnelles disparaissent. Les services passés ne comptent plus (ou moins), tout simplement parce qu'ils ont été rendus à une autre entreprise, à d'autres dirigeants et à une autre époque.

Certes, de nouvelles opportunités apparaissent et des situations « figées » vont pouvoir se débloquer, mais combien de cadres et de salariés seront concernés ? Un nouveau jeu commence et il existe de nouvelles opportunités. Mais il y aura également des perdants. Qui sera sauvé ? C'est en tout cas ce que se demandent de nombreux salariés… Du point de vue de la théorie et de la pratique du changement, l'étude des OFA se révèle donc extrêmement éclairante et formatrice.

Un chantier devant être anticipé

Eu égard à la fréquence des OFA, à l'ampleur des changements engendrés et à l'impact sur leur gestion de carrière, la préparation des managers est « *vitale. Ce chantier doit être anticipé par les managers au risque d'être emporté par ce tsunami organisationnel que sont les fusions* ».

Se préparer aux OFA

Il y a encore une dizaine d'années, cette préparation était peu évoquée par les dirigeants. Aujourd'hui, elle figure parmi leurs priorités : près de 80 % d'entre eux considèrent que c'est un savoir-faire essentiel : « *Le management des fusions ne s'improvise pas. C'est un savoir-faire technique et humain qui est devenu très pointu et complexe. Il y a vingt ans, cela relevait de l'artisanat, maintenant c'est "pro". Si vous êtes encore un amateur, vous avez toutes les chances d'être confronté à un partenaire très "pro" et vous serez vite en état d'infériorité et pas crédible pour la suite. N'oubliez pas qu'en ces moments-là, tout le monde se juge, se jauge pour savoir qui va rester après la fusion. Être un "pro" des fusions devient un requis. Or quand une fusion est lancée, il est trop tard pour se professionnaliser, il faut s'y préparer.* »

– « *Le tempo d'une fusion est tel que le temps d'apprentissage est trop réduit.* »

– « *La pression sur la réussite de ce projet si stratégique fait que le droit à l'erreur, le retard par non-maîtrise du sujet sont interdits.* »

– « *Les chocs créés par l'annonce de la fusion vont mettre le management en état de surchauffe. Il faut faire face à l'avalanche de nouveaux chantiers, à des salariés inquiets et très en demande, mais il faut également gérer ses propres incertitudes, doutes et angoisses. Tout cela ne permet pas une gestion calme et un apprentissage* in situ *de la gestion de la fusion.* »

Le management des OFA ne s'improvise donc pas. Il requiert des *minima* de savoir techniques, de compréhension des enjeux et aussi « *une préparation mentale, car il va falloir gérer beaucoup d'inconnues, d'inconnues pour soi – que vais-je devenir, comment vais-je créer mon réseau dans ce nouvel environnement ? – et d'inconnues pour les autres avec son cortège de peurs, retraits, contestations ».*

Les coachs intervenants dans des OFA sont convaincus que l'anticipation, et surtout la maîtrise anticipée de savoirs de base, représente une clé de réussite pour les managers. Il est en effet très difficile de se mettre à niveau (c'est-à-dire de se professionnaliser dans la gestion des OFA) quand le chantier commence. La surcharge de travail, le choc de l'annonce de l'opération, les enjeux de carrière sont tels qu'ils laissent peu de temps matériel et psychique à l'apprentissage. Ces acquis serviront de réflexes vertueux lors de l'annonce d'une OFA et de son management.

Savoir repérer les signaux faibles, précurseurs de fusions

L'opacité des fusions

L'une des spécificités des fusions réside dans la confidentialité de leur lancement. Pour d'évidentes raisons juridiques, économiques et financières, le lancement d'un projet d'OFA est souvent connu d'un seul petit cercle de dirigeants et de conseils. Les managers sont rarement informés en amont. L'effet de surprise (voire de « *sidération* ») risque de jouer à plein. Ainsi, lors de la fusion Daimler/Chrysler, seul un tout petit nombre de membres du directoire avaient été mis dans la confidence du projet. La majorité des dirigeants et la totalité des managers en avait été exclue.

Les facteurs annonciateurs de fusions

Repérer les signes avant-coureurs d'une OFA est donc primordial pour les managers. Certains facteurs internes aux entreprises ou d'ordre macroéconomique sont favorables aux OFA. Les connaître permet de limiter l'effet de surprise : « *Savoir décrypter dans l'environnement interne et externe l'arrivée d'une fusion est crucial. Cela permet de se préparer psychologiquement ainsi que professionnellement. Repérer ces signaux faibles est donc d'autant plus important qu'en interne, peu de signes précurseurs sont diffusés et repérables. Quant aux rumeurs externes, on ne sait jamais si elles ne sont pas des essais de déstabilisation initiés par les concurrents. »*

Nous avons dénombré six situations propices à la réalisation d'une OFA.

Les phases d'expansion économique

Elles combinent trois éléments particulièrement favorables aux OFA[20].

▷ La confiance : si les acteurs économiques (et notamment la communauté financière) sont confiants dans l'avenir, ils sont prêts à prendre des risques (ou à laisser les entreprises en prendre) et à encourager les OFA qui auraient été considérées comme coûteuses ou contraires aux principes de bonne gestion si la conjoncture n'avait pas été aussi bonne. À l'inverse, quand la conjoncture se dégrade, les investisseurs demandent aux dirigeants de se focaliser sur la restauration de la rentabilité des entreprises, qui est de toute manière un préalable aux OFA.

▷ Une « *tension sociale moindre* » : en période de croissance économique, de nouvelles marges de manœuvre apparaissent. Les salariés et leurs représentants sont *a priori* moins opposés aux OFA parce qu'ils disposent d'un rapport de force favorable sur le marché du travail et peuvent également négocier un meilleur traitement en interne. Pour la même raison, les pouvoirs publics adoptent une posture neutre ou bienveillante parce qu'ils pensent que les salariés et les organisations syndicales seront moins hostiles aux OFA.

▷ Des niveaux de valorisation boursière élevés : les phases de croissance se caractérisent généralement par une valorisation élevée des actions. Pendant les périodes de croissance, le paiement en titres est facilité parce que les acheteurs disposent d'une « monnaie papier » très correctement valorisée (voir le chapitre sur les paramètres financiers, p. 107). La probabilité d'OFA devient alors plus élevée.

Un nouveau contexte institutionnel

La création de zones économiques telles que l'Union européenne (UE) incite les entreprises à organiser leur système d'offre à l'échelle de la zone qui tend à constituer leur nouveau marché intérieur[21]. Des OFA deviennent nécessaires pour permettre aux firmes d'être crédibles sur ce marché, qui présente une taille supérieure aux différents marchés nationaux.

La libéralisation des marchés de capitaux

Elle a pour conséquence de rendre plus abondante la ressource financière et de permettre aux entreprises et aux investisseurs d'accéder plus facilement aux marchés financiers. Les OFA s'en trouvent évidements facilitées puisqu'il devient possible de trouver des financements pour des acquisitions, à condition bien sûr de « vendre » à la communauté financière des opérations créatrices de valeur.

Déréglementation et privatisation

Les mouvements de déréglementation et de privatisation ont indiscutablement favorisé la multiplication des OFA[22]. En effet, les anciens monopoles publics doivent se restructurer et céder nombre d'anciennes filiales pour d'ailleurs en acquérir d'autres. Isabelle Huault[23] évoquait en 1997 la probable vague d'OFA, considérant la libéralisation totale du marché des télécommunications dans l'UE au 1er janvier 1998. Les faits ont confirmé son analyse[24].

Transformations et dynamiques sectorielles

Les entreprises fusionnantes opèrent souvent dans des environnements concurrentiels eux-mêmes fusionnants. Les premières OFA modifient la structure du marché, en entraînant d'autres en chaîne par les concurrents voulant conserver leurs positions initiales. L'OFA devient alors l'outil d'une stratégie défensive, pour réagir et anticiper face au comportement des concurrents.

La fusion **Total/Fina/Elf** à la fin des années 1990 s'analyse largement comme une réponse à un mouvement de concentration dans le secteur pétrolier, dans la continuité des rapprochements entre, d'une part, British Petroleum et Amoco et, d'autre part, Exxon et Mobil. Plus récemment, l'offre d'**Imperial Tobacco's** sur Altadis annoncée en mars 2007 souligne la volonté d'Imperial Tobacco de ne pas se laisser distancer en termes de taille par Philip Morris et British American Tobacco, dans un contexte où le britannique Gallaher venait d'être acquis pas Japan Tobacco[25].

Les secteurs se concentrent et les firmes doivent être actrices des OFA sous peine d'être vulnérables et « fusionnées » par d'autres de manière forcée. Implacable destin que celui d'être prédateur ou de finir proie ! Certains seraient tentés d'y voir la transposition au domaine économique de la théorie de la sélection des espèces chère à Darwin…

Les bouleversements de l'**industrie pharmaceutique** depuis dix ans illustrent parfaitement ce mouvement de concentration et cette quête perpétuelle de la taille critique (Hoechst/Rhône-Poulenc, Ciba/Geigy/Sandoz) qui perdure actuellement : Glaxo Wellcome et SmithKline Beecham, Novartis/Roche, Aventis/Sanofi Synthelabo.

Les OFA interviennent également dans des secteurs où les innovations technologiques arrivent à maturité[26] et où la taille devient un facteur majeur pour obtenir un avantage compétitif.

Sous-valorisation financière

Les entreprises cibles peuvent présenter un capital ouvert ou mal verrouillé. La dépréciation de leurs titres en rend l'acquisition relativement moins onéreuse[27], comme ce fut le cas pour de nombreuses entreprises asiatiques après le krach de 1997. Les difficultés de gestion interne à l'entreprise représentent également un contexte fréquemment évoqué. Par exemple, les entreprises affaiblies par des conflits internes ou fragilisées par une crise grave de débouchés ou d'endettement se montrent vulnérables aux initiatives d'acquéreurs potentiels.

Chapitre 2

Objectifs et mobiles
des fusions-acquisitions

Pourquoi les entreprises lancent-elles des OFA ? Que recherchent leurs initiateurs ? Quels objectifs devront atteindre les managers ?

On ne peut maîtriser la gestion des OFA sans comprendre leurs motivations. C'est pourquoi nous évoquerons dans ce chapitre les différents objectifs, annoncés, latents ou cachés.

Nous avons souhaité ici « décoder » les objectifs et les mobiles au-delà de la langue de bois et des postures habituelles, pour permettre aux managers de comprendre les mécanismes qui sous-tendent les OFA et *« qu'ils devront maîtriser, même lorsqu'ils ne sont pas officiels, car c'est sur leur atteinte qu'ils seront attendus et jugés »*.

Nous avons identifié deux motivations principales pour le lancement des OFA : l'une, économique, renvoie à la recherche d'une plus grande performance ; l'autre aux postures et aux mobiles personnels des dirigeants. Nous les développons ci-après.

À la recherche d'une meilleure performance

Les OFA s'inscrivent clairement dans les chantiers de la dirigeance[28]. Ils sont appelés à contribuer à l'essor économique de l'entreprise.

> Le directeur général de **L'Oréal** de préciser : « *Le business modèle de L'Oréal est très performant et très adapté au monde d'aujourd'hui. Il s'articule sur six cylindres : la recherche et l'innovation, les grands produits, leur valorisation, la puissance de nos marques, la mondialisation et les acquisitions.* »[29]

L'économiste Ronald Coase a montré que les entreprises comparaient les coûts/avantages de l'internalisation (notamment *via* les OFA) ou de l'externalisation hors de l'entreprise des activités. En prenant le contrôle et en réinternalisant des activités contrôlées par une autre société, les OFA sont censées permettre l'accroissement de la performance de l'entreprise ainsi restructurée[30]: « *En cela, les fusions sont un élément positif pour les actionnaires, les salariés et les autres stakeholders. Nous ne sommes pas dans des opérations de retrait ou de destruction, fermeture d'activités, mais clairement de développement.* »[31]

Nous verrons plus loin que les corps sociaux ne partagent pas tous cet enthousiasme. Cette différence d'approche ne manquera pas de complexifier le management des OFA, certains adoptant une position de conquête, alors que d'autres, dans la même entité et le même temps, restent sur la défensive.

Cette quête d'efficacité productive se décline en deux axes : les gains de synergies et les acquisitions de leviers de croissance.

Les gains de synergies

Les gains liés aux synergies sont mentionnés par 78 % des entreprises analysées comme étant l'objectif premier. Les OFA sont ainsi appelées à dégager des gains instantanés (ou à brève échéance) liés aux synergies générées par le rapprochement des deux entreprises[32], et qui n'auraient pu, en théorie, être obtenus sans cette opération.

La sur-médiatisation des gains de synergies

Dans toute OFA, l'objectif de gains de synergies constitue un objectif « officiel » et central dans la communication de l'entreprise. Près de 89 % des communications institutionnelles relatives aux OFA mentionnent en premier lieu les gains de synergies envisagés grâce à la fusion. Comme le soulignait un directeur général anglais : « *Les gains de synergies sont incontournables dans toute fusion-acquisition.* »

Pourquoi cette primauté apparente ? « *Parce que les synergies sont la meilleure preuve adressée à la communauté financière et à tous les acteurs de la fusion qu'elle crée de la valeur en monnaie trébuchante non contestable* » et « *que les coûts induits par cette opération sont largement couverts par la réunion des deux entreprises* ».

Le concept de synergie

Que doit-on comprendre par le terme « synergie » ? En théorie[33] les synergies recouvrent non seulement les économies de fonctionnement, mais aussi les gains de complémentarité. Se résumant à la formule caricaturale 1 + 1 = 3, les synergies correspondent à toute création de valeur supplémentaire obtenue grâce au regroupement de deux ou de plusieurs entreprises et qui n'aurait pas été réalisable sans la mise en œuvre effective de ce regroupement[34]. Les synergies portent par exemple, sur la réduction des coûts, les gains de parts de marché et donc de marges, la captation de savoir-faire managériaux, l'acquisition de synergies financières, etc.

Notre analyse a révélé que les entreprises comprennent sous le terme de « synergie » ce qui relève principalement des réductions de frais de fonctionnement. Les entreprises excluent majoritairement de leur chiffrage les créations de nouvelles valeurs nées du rapprochement (comme les synergies managériales, les synergies métiers, etc.). Elles ont donc une approche plus restrictive de la notion de synergie que les experts scientifiques. Elles communiquent ainsi principalement sur la réduction des frais généraux, des dépenses de fonctionnement ou d'investissement entre les deux entreprises rapprochées :

— « *Par les synergies, on recherche maintenant des gains de fonctionnement et non des projets de développement. On s'inscrit dans une dynamique de "gestionnarisation" et non pas de croissance ou de créativité.* »

— « *Les acteurs majeurs seront les contrôleurs de gestion et les DAF et non les hommes de business, les créatifs.* »

Sous cet angle, l'objectif de synergies apparaît plus comme une figure imposée de gestion que comme un véritable objectif stratégique de croissance : « *On doit annoncer que nous faisons une fusion pour dégager des gains de synergies. Nous devons les chiffrer, mais en réalité, nous savons que ce type de synergies ne nous mènera pas très loin et nous fixons donc d'autres objectifs à la fusion.* »

Une portée contestée

Pour la majorité des acteurs, les gains de synergies constituent encore à ce jour l'un des indicateurs centraux de la réussite des fusions... Ils doivent notamment :

- justifier la prime payée lors de l'acquisition, parce que, dans la plupart des cas, l'acheteur doit offrir un prix de l'action supérieur au dernier cours de Bourse (ou à une moyenne des derniers cours de Bourse) ;

- garantir la couverture de l'ensemble des coûts d'intégration ;

- prouver l'intérêt de l'OFA en dégageant rapidement des gains facilement mesurables.

Et pourtant... certaines contestations émergent[35]. Depuis quelques grands échecs comme la fusion Daimler/Chrysler, les actionnaires et les dirigeants semblent appréhender avec plus de réserve l'hyper focalisation sur les synergies[36]. Un certain nombre de critiques peuvent ainsi être formulées.

En premier lieu, la quête quasi exclusive de synergies menacerait le climat social : « *Chacun craint pour son poste, pour ses budgets. On sait qu'il faut coûte que coûte dégager des économies. On est prêt à tout pour en trouver, mais aussi pour se cacher.* »

Les synergies créeraient en outre une sorte de « sur-mobilisation » des forces vives de l'entreprise pour rechercher des économies au lieu de « *penser au développement* ». La fusion Air France/KLM s'avère de ce point de vue tout à fait intéressante. Les dirigeants ont préféré, avec de réels indices de succès, investir le développement plutôt que les synergies, *stricto sensu*.

La quête de synergies masquerait enfin la performance véritable de l'OFA. De nombreux gains seraient artificiels, c'est-à-dire non produits par l'opération de rapprochement elle-même. Un directeur du contrôle de gestion nous confiait : « *On met dans les synergies des économies qu'on aurait faites de toute façon, même sans fusion. On bloque des projets pour les seules économies dégagées en sachant très bien qu'on les relancera dès que possible, une fois passé le moment des synergies.* »

Les sources de synergies

Ces synergies-économies sont principalement réalisées dans quatre domaines :

- les suppressions de doublons (frais de holding, de personnel, etc.) ;
- les économies obtenues grâce au regroupement (économies sur les achats, rationalisation des infrastructures, etc.) ;
- les cessions d'activités non stratégiques du fait de la fusion ;
- les économies « cosmétiques » sur des frais de fonctionnement non nécessairement générés par l'OFA.

Les entreprises évoquent souvent les sources de synergies pour renforcer la crédibilité du projet de fusion. Ainsi, lors de la candidature de la **Royal Bank of Scotland** au rachat d'**ABN Amro**, les synergies attendues de la fusion avaient été très détaillées : 1,2 milliard d'euros de synergies identifiées dans quatre sous-métiers : dans les systèmes d'information pour 592 millions d'euros, dans les fonctions support pour 166, dans les actifs immobiliers pour 123 millions d'euros, enfin pour 379 millions *via* les suppressions de postes en front office[37].

L'évaluation des synergies

Selon les managers, l'évaluation précise des synergies demeure un exercice très délicat. Deux paramètres rendent la tache complexe.

Ainsi, si l'offre est hostile et la cible ne fournit aucune information, les synergies seront estimées de manière relativement approximative. Ne disposant pas de données précises, l'initiateur doit se contenter d'un chiffrage « *à la louche* ».

De plus, il est fréquent qu'une partie des synergies relève de plans de réduction des frais de personnel contraires à l'instauration d'un climat social propice au bon déroulement de l'OFA[38]. Face à ce dilemme, les managers optent de plus en plus pour une grande prudence dans le chiffrage des économies liées à la réduction des frais de personnel : « *On ne prend pas beaucoup de risques à fixer la cible assez haut pour montrer un gain, assez simple et pas trop focalisée sur les frais de personnel, pour ne pas braquer les salariés, démotiver tout le monde et surtout risquer de ne pas atteindre la cible.* »

Le management devra donc nécessairement atteindre cet objectif de synergie *stricto sensu* (« *trouver des économies* »), mais aussi veiller à atteindre d'autres objectifs.

La réalisation des synergies

Près de 80 % des entreprises de notre panel communiquent un chiffrage très précis des synergies réalisables : « *Chiffrer les synergies escomptées donne du corps, du concret à la fusion. Cela rassure les actionnaires et tout particulièrement les analystes financiers.* »[39]

Le président du groupe Arcelor – issu de la **fusion d'Usinor, Arbed et Aceralia** –, ultérieurement acquis par Mittal Steel, présentait ainsi le *modus operandi* des gains de synergie : « *Les économies d'échelle représentent une demi-année d'investissement dans un groupe comme le nôtre. À partir de la fin 2003, la fusion doit permettre aussi une économie annuelle de 300 millions d'euros sur les coûts. Ce chiffre doublera à partir de 2006-2007. Ces économies seront rendues possibles grâce à la rationalisation des achats, les réorganisations industrielles et les* *échanges des meilleures pratiques. Cela passera par la fermeture d'usines ou de morceaux d'usine.* »[40] Il ajoutait par ailleurs : « *Ces gains seront évalués par référence à la performance optimisée de chacun en l'absence du rapprochement. Ils proviendront pour une grande part de la rationalisation progressive de nos outils de production sur les sites les plus performants.* »[41]

Un an après, Guy Dollé, P-DG du nouvel Arcelor, tenait les propos suivants : « Les synergies de fusion sont deux fois plus élevées que prévu. Nous avons réalisé 190 millions d'euros en 2002, pour un objectif de 120 millions et déjà 230 millions sont engrangés au 31 mars 2003, avec un objectif de 300 millions à fin 2003 et 700 millions en 2006. »[42]

Quelque temps plus tard, Arcelor faisait l'objet d'une nouvelle OFA... par Mittal Steel, qui à son tour allait présenter de nouveaux objectifs de synergies !

L'acquisition de leviers de croissance

Un second objectif est évoqué juste après les gains de synergie : celui de recherche de leviers de croissance externe.

Les entreprises cherchent « *à croître, c'est-à-dire à atteindre rapidement la taille critique, la puissance souhaitée, soit sous forme de renforcement de leur taille initiale soit tout simplement par la création pure et simple d'un nouveau groupe à la taille dès l'origine suffisante et aux activités renouvelées* ». Par exemple, citons la constitution du groupe LVMH suite à la fusion de Moët Hennessy/Louis Vuitton, suivie du rachat de nombreuses sociétés opérant dans le secteur du luxe.

Les entreprises cherchent aussi *via* l'OFA à acquérir des éléments de survie, car les autres relais de croissance internes ont été épuisés (ou nécessitent trop de temps pour émerger). Les OFA portent alors la marque des firmes en difficulté dans leur positionnement stratégique[43]. « *Les fusions acquisitions sont la seule solution pour restructurer notre secteur et permettre aux compagnies d'atteindre la taille critique* », a déclaré le P-DG d'Air France KLM[44].

Un objectif majeur mais plus « flou »

Si l'objectif de croissance est permanent dans la quasi-totalité des OFA, il est rarement chiffré. Comme le souligne un dirigeant, « *souvent, il n'est pas possible d'estimer ces gains au moment où se déroule l'opération* ». Une autre raison est également invoquée : « *Les gains, lorsqu'ils sont estimables, sont très confidentiels. C'est pour cela qu'on ne les communique guère.* » Les entreprises préfèrent évoquer alors des gains plus qualitatifs : obtention de taille critique, meilleure satisfaction des clients.

> À propos de la **fusion de Canal + avec TPS**, le communiqué officiel précisait : « L'objectif est de développer une offre de télévision payante enrichie et compétitive de marques fortes au bénéfice des consommateurs. À cette fin, Vivendi Universal, TF1 et M6 ont d'ores et déjà retenu les principes suivants :
>
> – conjuguer les savoir-faire, les compétences, les cultures et les marques de Canal + et de TPS ;
>
> – renforcer la diversité et « l'attractivité de l'offre de télévision payante… »

Plus globalement un analyste remarquait : « *On communique des objectifs satisfaisant toutes les parties prenantes – actionnaires, clients, salariés – en veillant à rassurer tout le monde, à n'effrayer personne.* »

Le sous-objectif de célérité

L'OFA est perçue comme le seul moyen d'obtenir rapidement la croissance et la puissance souhaitée : « *On réalise des fusions pour non seulement croître, mais aussi pour le faire vite.* » La croissance interne de l'entreprise sur un marché nouveau (produit, pays, etc.) nécessite un processus d'apprentissage souvent long, coûteux et parfois risqué.

Selon plus de 80 % des managers interrogés, seules les OFA permettent de contourner les écueils et la lenteur relative de la croissance interne : « *En recourant aux fusions-acquisitions, nous faisons le pari que la mécanique de l'opération apportera en elle-même des avantages incontournables et rares, à savoir la célérité de la croissance et la maîtrise des gains acquis. »*

Dans certains secteurs d'activité (par exemple les médias, la télécommunication, la biotechnologie, etc.), la rapidité constitue un facteur essentiel de réussite. Les produits et les marchés peuvent évoluer si brusquement que la croissance externe reste la seule manière de maintenir les positions commerciales. L'OFA s'avère alors essentielle pour la maîtrise d'une expertise technologique.

On peut facilement déduire de ce qui précède que les enjeux pour le management relèvent de la capacité à mener rapidement à bien l'OFA. Cela engendre également de fortes pressions pour réaliser à brève échéance les chantiers opérationnels et des difficultés pour prendre le temps nécessaire afin de comprendre et d'intégrer « l'externe ».

Les leviers de la croissance externe

Nous avons dénombré sept facteurs de croissance recherchés dans les OFA permettant globalement d'atteindre la taille critique.

Acquérir des « ressources stratégiques »

Nous avons pu relever un trio de ressources que les praticiens considèrent comme clés pour la croissance :

▷ Les potentiels de R & D (brevets, chercheurs, infrastructures, expertises R & D, etc.) : dans des secteurs comme la pharmacie ou l'informatique où la R & D est très intensive, le rachat du potentiel de recherche localisé chez les cibles représente souvent une motivation majeure des acquéreurs.

Bull, souhaitant (notamment) disposer de compétences de R & D dans les micro-ordinateurs, a racheté la **partie informatique de Zénith** en 1989[45]. Pour sa part, **Cisco** a procédé au rachat de 70 entreprises dont 26 start-up. Ces dernières représentent 30 % des innovations du groupe.

▶ Les marques : les OFA permettent de prendre le contrôle de marques de grandes valeurs qui ne pourraient pas être facilement construites *ex nihilo*. Dans certains secteurs comme la cosmétique ou les parfums, cette motivation se révèle essentielle pour lancer une OFA.

> Le rachat par le groupe LVMH de **Parfums Givenchy** a permis au groupe de luxe de disposer d'une nouvelle marque de renommée mondiale. LVMH a ainsi accru son portefeuille de marques et pu générer des économies de gamme.

Bien évidemment, cet accroissement du nombre de marques contrôlées pose des questions nouvelles quant à leur maintien ou non et à leur gestion au sein du nouveau groupe post-OFA.

▶ Les autres actifs immatériels : les OFA permettent de prendre le contrôle d'actifs immatériels déterminants du processus de création de valeur. La recherche de notoriété ou les compétences techniques du personnel (notamment à travers les « *key people* » que l'on « *acquiert à travers la fusion* ») sont des objectifs centraux dans certaines OFA.

Permettre la diversification stratégique

Cette diversification peut porter sur la nature même des activités et modifier du cœur de métier. Les OFA ont permis à des groupes, sans compétences ni expériences internes propres, de changer de secteur. Par exemple, le groupe minier Preussag est devenu le leader européen du tourisme en recourant à des OFA.

La diversification peut également porter sur les activités complémentaires. Les OFA vont alors contribuer à l'organisation d'un groupe par la captation d'entités périphériques par rapport au *core business* de la firme. Le rachat de sociétés Internet par des groupes de médias/télécommunications relève de cette démarche.

Cette diversification peut aussi concerner la localisation géographique des activités[46]. L'internationalisation de la plupart des grands groupes est majoritairement intervenue à travers des OFA.

Accor, en rachetant la chaîne Motel 6 aux États-Unis, est devenu numéro un mondial de l'hôtellerie gérée en propriété[47]. Alcan, lui, a pris le contrôle de Pechiney, sachant que les implantations des deux firmes se complétaient au niveau géographique.

Enfin, le contrôle des flux amont ou aval (canaux d'approvisionnements, réseaux de distribution, etc.) peut motiver une OFA. Dans les OFA dites « verticales », une entreprise prend le contrôle d'une autre société opérant en amont ou en aval de son secteur d'activité. La prise de contrôle de Faurecia par Peugeot en constitue un exemple.

Accroître les parts de marché

De nombreuses entreprises communiquent sur le fait que les OFA permettent d'accroître les parts de marché *via* de nouvelles complémentarités liées aux :

- structures (profiter des implantations et infrastructures de la cible ainsi Michelin en achetant Uniroyal aux États-Unis, a pu bénéficier du réseau de distribution de l'entreprise acquise) ;

- produits (proposer une offre plus complète à ses clients, par exemple pour Air France KLM de proposer un « double hub intercontinental » basé sur la combinaison des trafics de Roissy et Schiphol[48]) ;

- clients (utiliser les bases de données clients).

La prise de contrôle de concurrents peut également permettre d'obtenir une meilleure position sur le marché. L'OFA permet alors d'éviter de déclencher une guerre des prix[49], de perdre du temps à « grignoter[50] » des parts de marché, ou de « souffrir » dans des environnements concurrentiels quasi saturés. C'est ainsi que Hachette, en rachetant Grolier, est devenu leader mondial des encyclopédies scientifiques[51].

Augmenter les ressources financières

Les OFA ont aussi pour but d'accroître les capacités financières de l'acquéreur par la prise de contrôle d'un « trésor de guerre » sous la forme de liquidités ou d'actifs aisément cessibles[52]. Ainsi la fusion de Générale des Eaux avec Havas a permis à la première d'avoir accès à l'importante trésorerie de la seconde

La revente de certains actifs de la cible constitue aussi une alternative possible pour générer des liquidités. Citons l'exemple des scénarios d'OFA sur BAT Industries, en 1989, où l'acquéreur potentiel évoquait le fait de démanteler le groupe pour revendre certaines activités en réalisant des gains financiers instantanés.

Les OFA offrent également aux firmes des capacités d'investissements supplémentaires, leur permettant ainsi de rester compétitives face aux concurrents. Une firme de plus grande taille peut en effet mobiliser davantage de ressources et prendre de nouveaux paris industriels ou financiers. Dans des secteurs comme la pharmacie, la chimie ou l'énergie, seules les firmes de grande taille peuvent survivre, compte tenu de l'importance des investissements.

Une OFA peut également permettre d'améliorer mécaniquement certains critères financiers si la cible est plus rentable que l'initiatrice.

> Une firme qui rachèterait en s'endettant (à un coût de 4 % après impôt) à un prix de 100 une cible présentant un résultat net de 10 verrait mécaniquement son bénéfice par action s'accroître. En effet, l'impact négatif sur le résultat net serait de 4 (4 x 100 de frais financiers) pour un résultat additionnel de 10 (résultat net de la cible). Bien entendu, ceci ne dit pas si le prix de 100 est acceptable pour la cible et si l'acquisition a permis de créer de la valeur. Attention donc aux choix fondés sur de mauvais critères, car on peut améliorer le bénéfice par action tout en faisant une très mauvaise affaire.

Notons que les OFA peuvent permettre de bénéficier de gains fiscaux. L'acquisition d'une cible disposant d'un report fiscal déficitaire permet de réduire les montants d'impôts à payer dans les années à venir. D'autres gains fiscaux sont également envisageables.

> Il est possible en Espagne, sous certaines conditions, de déduire fiscale-ment les survaleurs constatées à l'occasion d'une acquisition. Dans le cas du rachat de l'**opérateur espagnol Amena par France Télecom** en 2005 pour 6,4 milliards d'euros (pour 80 % des titres), un actif fiscal de 1,7 milliard d'euros a été constitué[53]. Il provenait d'une part des pertes fiscales passées reportables et d'autre part de la réorganisation opéra-tionnelle du groupe France Télécom en Espagne. Les « synergies fiscales » représentaient donc une part importante de la valeur de la cible.

Contourner les barrières douanières, administratives ou protectionnistes

Les OFA ont également pour objectif le contournement des barrières douanières, administratives ou protectionnistes. À titre d'illustration, on peut citer les fusions entre firmes américaines et japonaises dans les années 1980 ou les OFA effectuées entre entreprises de la grande distribution, soumises aux contraintes de règlements d'urbanisme limitant la création de nouveaux magasins à grande surface. Les spé-cialistes parlent alors de stratégie de contournement[54].

Dans le même esprit, les transporteurs aériens ont pu, grâce à des OFA, contourner les limitations des droits de trafic ou des créneaux horaires disponibles sur les aéroports les plus encombrés (par exemple, la fusion SAir Group/Air Liberté).

On remarquera que les entreprises continuent de préférer une pré-sence directe *via* une OFA pour se rapprocher du consommateur alors même que les barrières commerciales disparaissent (comme c'est le cas dans l'UE[55]). Les OFA permettent ainsi de satisfaire la clientèle qui peut privilégier un fournisseur local[56].

La modification des conditions de la concurrence

Une OFA peut viser à modifier les structures de marché et à ren-forcer le pouvoir de négociation de l'entreprise... dans le respect bien entendu des règles de concurrence. Ainsi, l'OFA dite

« *horizontale* » peut conduire à l'élimination d'un concurrent. Citons les cas de Aventis/Sanofi Synthelabo, Total/Fina/Elf, Axa/UAP, etc.

Par ailleurs, les OFA, *via* l'accroissement de la taille, engendrent un pouvoir de négociation plus fort vis-à-vis des fournisseurs, des clients, des banquiers et même des pouvoirs publics.

En fusionnant avec une autre entreprise du secteur, il devient possible d'augmenter les barrières à l'entrée[57] du marché de référence. Ainsi, les nouveaux entrants devront concurrencer une firme de plus grande taille et plus apte à résister aux assauts des nouveaux compétiteurs. Les concurrents en place dans le secteur devront également réagir sous peine de se voir marginaliser. C'est d'ailleurs pourquoi une OFA en entraîne souvent d'autres. Ce fut par exemple le cas dans le pétrole à la fin des années 1990 avec la réalisation de plusieurs méga-fusions : Exxon/Mobil, BP/Amoco, Chevron/Texaco et Total/Fina/Elf.

Attention cependant à ne pas aller trop loin dans cette voie, sous peine de voir les autorités en charge de la concurrence remettre en cause l'opération ou exiger des cessions d'actifs pour supprimer la position dominante.

Initier des changements internes

Les OFA ont souvent pour objectif – même s'il est « caché » – de modifier les composantes internes de l'organisation, quand elles sont incapables de réaliser les changements escomptés par la direction.

Nous avons pu relever un nombre significatif de fusions motivées par une réelle volonté de changer la culture de l'entreprise historique : « *Cela permet de faire rentrer un corps étranger qui va noyer la société d'origine, la mettre dans une dynamique nouvelle. Cette fusion va créer un effet d'entraînement, de remise en cause de toutes les habitudes et résistances.* » La confrontation forcée à un nouveau modèle va alléger la charge du management historique. On retrouve ici la vertu positive des mélanges de cultures, modélisée par les anthropologues[58]. Les opérateurs historiques privatisés des secteurs déréglementés opèrent souvent de cette manière. On se souviendra de l'OFA menée par France Télécom sur Orange ou des OFA réalisées par Deutsche Telekom.

Les OFA peuvent également être une arme, aux mains des *top executives*, voire des actionnaires, pour changer des « mauvais dirigeants opérationnels » auxquels, pour des raisons « *politiques ou stratégiques, par exemple quand ils ont une telle notoriété qu'ils tiennent les clients, on ne peut s'attaquer directement* ». Cette motivation des OFA n'est pas majoritaire. Elle est même assez marginale, mais intéressante au regard des théories de la gouvernance[59].

Des dispositifs (hiérarchie, surveillance, droit de vote des actionnaires, conseil d'administration, systèmes d'intéressement, etc.) ont pour objectif de contrôler la « loyauté » (pour reprendre un terme issu de la théorie dite de l'agence[60]), des dirigeants et la conformité de leurs actions avec les objectifs des actionnaires. Mais ces dispositifs de gouvernance ne sont pas forcément efficaces et des dirigeants peuvent réussir à les contourner.

Souvenons-nous du film *Wall Street* d'Oliver Stone. Le redoutable banquier new-yorkais Gordon Gekko, interprété par Michael Douglas, explique aux actionnaires réunis lors d'une assemblée générale que les dirigeants en charge de l'entreprise sont davantage intéressés par leurs avantages en nature et pécuniaires que par la richesse qu'ils créent. S'il prend le contrôle de la firme, Gekko indique qu'il remplacera l'équipe dirigeante et que ces dysfonctionnements passés n'auront plus lieu d'être.

Les motivations personnelles des dirigeants

Selon de nombreux experts, les OFA ne seraient pas seulement motivées par des raisons économiques ou de recherche d'efficacité[61]. Nous avons été frappés lors de nos enquêtes que sur mille salariés, plus de 60 % évoquent ces mobiles non économiques comme majeurs et les considèrent comme relativement dissimulés. Certains osent même les qualifier de tabou, surtout dans les pays latins.

Sur un plan scientifique, les sciences de gestion ont proposé des théories qui renvoient également à la motivation personnelle des dirigeants.

Certes, les motivations personnelles des dirigeants ne sont pas les seuls déterminants des OFA. Conformément aux analyses relatives aux prises de décision et aux théories sur les dirigeants[62], la décision de lancer une OFA repose sur des ressorts multiples. Pour autant, exclure les considérations personnelles de la décision nous paraît également excessif.

Nous avons relevé quatre types majeurs de motivations « personnelles » des dirigeants.

La motivation fonctionnelle : « *I do my job* »

Les dirigeants sont « *très présents dans les fusions* ». Selon notre enquête, les OFA constituent le chantier de gestion d'entreprise où ils s'investissent le plus. 55 % des dirigeants interrogés pensent que s'ils ne réalisent pas des OFA, ils ne remplissent pas leur mission de dirigeant : « *La croissance organique, interne est dévalorisée, même si certains essaient de la remettre en valeur. Ne pas faire d'OFA montre pour nous que nos patrons n'ont pas d'envergure et ne font pas ce pourquoi ils sont payés* », estime le président de conseil de surveillance d'un groupe de chimie. Les dirigeants considèrent majoritairement la conduite d'OFA comme centrale dans leurs missions et constitutive de leur fonction.

Par ailleurs, 65 % des salariés interrogés pensent que la réalisation d'OFA fait partie des missions clés des dirigeants. Les analystes financiers confirment cette perception et la presse généraliste semble depuis peu diffuser cette conception de la fonction de dirigeants[63] : « *Le job des dirigeants c'est de faire des fusions-acquisitions* », commente un journaliste économique.

Ainsi, envisager d'exercer des fonctions de dirigeant implique le plus souvent de réaliser des OFA. Cette perception de la dirigeance est récente.

Le développement en France du système dual de direction des entreprises (conseil de surveillance/directoire ou président et directeur général) a renforcé cette dynamique : « *Ils sont tous pareils. (…) Au bout de dix ans, la gestion quotidienne de l'entreprise ne les intéresse plus. Ils mettent en place un bon exécutant pour se consacrer à la seule chose qui les amuse vraiment : acheter et vendre* », dixit un proche d'un dirigeant d'un grand groupe pétrolier.[64]

Valorisation boursière et valorisation personnelle

En plus des objectifs « classiques », notre enquête a permis de mettre en exergue une motivation majeure des OFA. Comme l'indiquait un dirigeant : « *En réalisant une OFA, nous montrons à la communauté financière et aux actionnaires que nous sommes dynamiques, soucieux de développer les relais de croissance.* »

« *Même si les synergies ne sont pas totalement au rendez-vous, si la croissance n'est pas aussi rapide que prévue, il est important de faire des fusions pour montrer au marché notre dynamisme.* »

Dit autrement, les dirigeants considèrent que les OFA sont une manière de dynamiser le cours de Bourse dans la mesure où elles traduisent la capacité à esquisser un futur pour l'entreprise. La dynamisation de la valeur du cours de Bourse est essentielle pour les dirigeants, car elle conditionne le rapport de force avec les actionnaires. Le dirigeant ne peut préserver son autonomie décisionnelle que s'il garantit aux actionnaires une valeur patrimoniale acceptable. En outre, elle permet au dirigeant de se protéger contre des OFA hostiles et donc de s'ancrer dans son poste. Enfin, elle lui permet de véhiculer une aura conforme à l'air du temps : « *Un vrai capitaine d'industrie est un créateur de valeur boursière telle qu'on le définit aujourd'hui.* »

Comme nous le verrons plus loin, sans ces signaux tangibles, l'entreprise risque d'être sous-valorisée dans le modèle boursier standard. C'est d'ailleurs pourquoi, selon certains auteurs, certaines OFA ne seraient alors que « cosmétiques » et ne serviraient pas en priorité les intérêts opérationnels de l'entreprise ni encore moins ceux des actionnaires[65].

Il convient sur ce point de différencier les dirigeants des grandes firmes et ceux des PME. Les premiers subissent pour la plupart l'implacable dictature du cours de Bourse et ont beaucoup de mal à justifier une stratégie reposant sur la seule croissance interne ou des opérations qui seraient en opposition de phase avec les pratiques des concurrents.

En revanche, les dirigeants des PME ou des sociétés contrôlées par des actionnaires familiaux peuvent plus facilement se permettre de mener des OFA à contre-cycle et traiter avec davantage de distance la question de la valorisation boursière instantanée.

On trouve d'ailleurs des PME redoutablement actives sur le marché des OFA, qui savent acheter au meilleur moment et se révèlent d'excellents intégrateurs de cibles, parce que d'excellents industriels. De ce point de vue, les grandes entreprises sont souvent plus financières et leurs dirigeants plus tournés vers les marchés financiers – parce que c'est fondamentalement sur les marchés qu'ils sont évalués, parfois sanctionnés et quelquefois reconnus.

Le mobile « démiurgique »

Cette motivation est, à ce jour, moins publique et moins explicite que celles présentées précédemment. Elle s'avère cependant essentielle et renforce encore plus l'enjeu des OFA : « *Les managers, à travers une fusion, ne sont pas simplement confrontés à des chantiers opérationnels, mais également à des enjeux vitaux pour l'entreprise et ses dirigeants. Je vous laisse imaginer la pression sur nos épaules.* »

« *Derrière une fusion se joue autre chose : la métamorphose du diri-geant. En réalisant une belle fusion-acquisition, il devient un vrai grand patron, un créateur, et cela, c'est le rêve de tous.* » Cette phrase d'un président d'une banque d'affaires rompue aux OFA nous a incités à investiguer cette dimension.

Les résultats sont intéressants : une motivation de création d'œuvre semble habiter puissamment les dirigeants et les motiver à réaliser des fusions : « *Nous faisons œuvre, nous laissons notre empreinte. Le reste est tellement éphémère dans notre métier.* » Le P-DG d'Universal Music, à propos de sa fusion avec BMG Publishing, a déclaré : « *C'est un moment historique.* »[66]

Devenir un fondateur

Les dirigeants ont perçu que l'OFA modifiait leur rôle et place. En engendrant une nouvelle entreprise, l'OFA va manifestement per-mettre l'émergence d'une nouvelle figure : le leader-fondateur (de la nouvelle entreprise) qui remplace le leader, jusqu'alors perçu comme « *simple gestionnaire* » de l'entreprise historique. La figure du leader sera ainsi modifiée, alors que c'est le même individu qui occupe le poste de dirigeant de l'entreprise.

Les salariés de la nouvelle entreprise, de leur côté, vont également faire émerger un fondateur : « *Après une fusion, ils ne se contentent plus d'un dirigeant gestionnaire, administrateur. Ils veulent plus. Ils veulent un vrai grand chef pour ce nouvel empire né de la fusion.* » Même dans les fusions entre égaux, l'un des dirigeants historiques émerge symboliquement aux yeux des salariés comme le fondateur de la nouvelle entreprise : « *Les salariés créent cette émergence. Ils en ont besoin.* »

Ceci s'inscrit dans l'approche classique de la psychologie des groupes. Lors de leur création, avec leur appareil psychique propre, les groupes s'axent autour d'un « père fondateur-leader »[67]. Et cela est d'autant plus important quand l'entreprise est en crise[68].

« *En reprenant Compaq, Fiorina Carly, P-DG de Hewlett-Packard, joue incontestablement son va-tout. Sa mission : réinventer l'entreprise.* »[69] Le leader va ainsi exercer pleinement son rôle de « *façonneur de l'entreprise* », au sens de Barnard[70]. Le fondateur va donner à l'organisation un but, une raison d'être, des valeurs. Il devient le principal agent d'institutionnalisation de l'entreprise. L'OFA implique ainsi une très forte présence physique et symbolique du dirigeant[71].

Les entretiens que nous avons menés montrent que l'OFA va lui permettre de revenir au cœur de sa fonction :

— « *C'est le seul acte de gestion d'une entreprise dont il puisse réellement revendiquer la paternité. Pour les autres, la responsabilité est diluée au sein de l'organisation.* »

— « *Dans la fusion, il est central, il donne le sens, le rythme. Il incarne. Il préside aux destinées collectives.* »

— « *Tous les salariés savent que le président est à l'origine de la fusion. Il apparaît comme le créateur d'un nouveau monde dans lequel il va falloir vivre.* »

— « *Après la fusion, mes collaborateurs m'ont dit : voilà, maintenant tu es dans la cour des grands, tu as marqué l'entreprise de ton empreinte. Il n'y a plus de retour en arrière et ton périmètre est grand.* »

Les impacts pour le management

Cette métamorphose va créer trois champs de complexité qui semblent particulièrement affecter le management.

Un narcissisme originel

Le fondateur de la fusion se trouve désormais dans une situation de réel narcissisme originel et fait désormais corps avec l'entreprise[72], ce qui n'était pas le cas précédemment, ou à un degré nettement moindre. « *Le dirigeant n'est plus à son travail, il est à son œuvre* ». Cela confirme l'approche psychologique traditionnelle[73].

Cette posture va complexifier la « *lisibilité de la fusion, en mélangeant plus que d'habitude personnalité du dirigeant et entreprise* ». L'enjeu de l'OFA est tellement important que les dirigeants trouvent infimes ou décalés les problèmes psychologico-sociaux du reste du corps social. Les dirigeants ont alors tendance à nier l'altérité ou à méconnaître les particularités de l'entreprise cible… avec les effets dévastateurs que l'on connaît. « *Il appartiendra au management de lui rappeler la réalité* », conseille un consultant.

Un surinvestissement

Les dirigeants connaissent majoritairement une situation de surinvestissement matériel et émotionnel. Ils font souvent preuve d'un « *investissement considérable, d'une impatience, d'un rejet du droit à l'erreur ou de la critique* ». Même si les OFA se répètent dans l'entreprise, à chaque fois, « *on assiste toujours au même surinvestissement* ». Une OFA est en effet perçue par la majorité des dirigeants comme la seule (ou l'une des) seule(s) occasion(s) de « *créer* ».

Ce surinvestissement fréquent est source de complexité : « *Comment expliquer aux salariés que pour des projets non liés à la fusion, nous n'avons pas le droit de dépasser le budget alors que, pour la fusion, rien n'est assez beau ?* »

Cette omniprésence créatrice et transformationnelle du dirigeant va vite être perçue par les managers et les salariés comme une forme de « sur-présence », qui va modifier, voire altérer les fonctionnements managériaux : « *Les dirigeants veulent que tout se déroule selon leur rêve et on a tendance à nous faire oublier les autres chantiers.* »

Une nouvelle relation hiérarchique

La relation hiérarchique va se modifier. Selon les praticiens, le dirigeant qui a créé la fusion devient une « *figure symbolique* ». La distance hiérarchique entre le dirigeant fondateur et les autres salariés s'accroît après une OFA. Les collaborateurs du dirigeant se sentent plus isolés : « *Le dirigeant est vite statufié et moins accessible, ce qui ne facilite pas les relations.* » Et plus contrôlés : « *Nous sommes encore plus que dans d'autres chantiers au service du fusionneur.* »

Le désir d'empire

Selon certains auteurs tenant de la théorie de l'agence et de l'*empire building*[74], les fusions d'entreprises seraient également motivées par le désir des dirigeants d'augmenter « *la taille de leur royaume* »[75]. Ils chercheraient ainsi à disposer d'une puissance d'action toujours croissante et, au-delà, à bénéficier d'une position supérieure dans la hiérarchie sociale entre dirigeants.

La recherche de statut

En rachetant d'autres firmes, les dirigeants peuvent poursuivre un objectif statutaire lié à la taille. Deux mobiles ont été très souvent cités par nos interlocuteurs.

Ainsi, les dirigeants chercheraient en recourant à des OFA à obtenir une rémunération supérieure. Les politiques de rémunération sont en effet en grande partie, au moins en ce qui concerne les salaires de base, fondées sur la taille de l'entreprise à gérer. À la lecture des rapports d'assemblée générale, il ressort que, dans près de 60 % des cas, la rémunération des dirigeants augmente suite à une fusion. Un expert allemand des rémunérations de dirigeants remarquait : « *À travers l'OFA, le dirigeant peut entrer dans une nouvelle "phase de consommation" légitime, sans que personne n'ose le contester. Cette consommation correspond à l'accroissement de formes de rémunérations directes et indirectes : argent, avantages en nature, stock-options, train de vie, frais de siège, etc.* »

Par ailleurs, les dirigeants chercheraient également *via* les OFA à accéder à un « rang protocolaire » supérieur dans les réunions avec les pairs : « *Après la fusion, on ne jouait plus dans la même cour. Nous avions un grand groupe avec à sa tête un grand dirigeant, avec tout ce qui va avec.* ». Pour certains auteurs[76], l'enjeu narcissique de pouvoir serait alors un élément moteur dans ces démarches.

L'enracinement

« Lors d'une fusion, le dirigeant devient plus puissant, le contrôle des actionnaires est moins fort, car plus complexe à exercer », reconnaît un président. Selon la théorie de l'enracinement[77], les dirigeants réaliseraient des OFA pour réduire leur soumission au contrôle des actionnaires sous toutes ses formes, et en premier lieu chercheraient à se prémunir contre le risque d'être remplacés[78]. Cela serait possible pour deux raisons majeures : la complexification et la protection contre un raid hostile.

Par la complexification née du regroupement, l'OFA permet de faire apparaître le « dirigeant-fusionneur » comme le plus apte à gérer le nouveau groupe ainsi constitué. Il est en effet censé maîtriser le « Meccano » de la fusion, l'historique du rapprochement ainsi que l'une des deux sociétés qu'il a dirigée par le passé. *« C'est là aux yeux de nombreux administrateurs un avantage discriminant par rapport à tout candidat venu de l'extérieur »*, reconnaît un chasseur de tête. En réalisant des OFA, le dirigeant augmente le niveau d'incertitude des administrateurs et accroît ainsi considérablement son pouvoir, réduisant le risque d'être révoqué. Le conseil d'administration *« a peur dans un contexte aussi complexe de changer le dirigeant, même s'il a de bons motifs et il est parfois difficile de trouver des candidats crédibles ou disposés à occuper de telles fonctions »*.

L'OFA peut également rendre plus difficile un raid hostile, car le rachat d'une cible de plus grande taille représente une opération plus complexe, nécessitant de mobiliser davantage de capitaux de la part de la firme initiatrice. L'OFA permettrait ainsi de préserver le pouvoir du dirigeant vis-à-vis des actionnaires et du conseil d'administration et cela indépendamment de sa performance et de sa valeur ajoutée réelle.

La relation hiérarchique (si l'on ose cette formulation) du dirigeant avec ses actionnaires est donc considérée comme modifiée. Le dirigeant jusqu'alors agent est *« perçu »* désormais comme « fondateur-leader ». Il n'est plus agent au sens de la théorie de l'agence[79], même s'il en garde le statut. La fusion semble neutraliser en partie son statut précaire de « dirigeant-agent ». Cela expliquerait alors le paradoxe apparent des fusions-acquisitions : « *Si ces opérations ne créent pas de valeur, pourquoi continuent-elles d'avoir lieu ?* » *Pour les tenants de la théorie de l'empire building et de celle de l'enracinement, la réponse serait simple : parce qu'elles servent l'intérêt fondamental des dirigeants.*

Il est intéressant de noter que la théorie de l'agence a été élaborée dans le cadre institutionnel particulier des États-Unis, où très peu de firmes disposent d'actionnaires de référence et où les dirigeants bénéficient de ce fait d'un rapport de force favorable. La théorie de l'agence s'est affirmée comme un cadre d'analyse incontournable dans les années 1980 dans l'Amérique de Ronald Reagan. Il s'agissait de faire pression sur les dirigeants pour créer de la valeur actionnariale dans un contexte de crise des industries traditionnelles, où les dirigeants américains se sont vus reprocher certains abus en termes de rémunération et une incapacité chronique à redresser la rentabilité des firmes dont ils avaient la responsabilité.

Il est tout aussi intéressant de noter qu'une littérature récente est venue rappeler que, sans enracinement, un dirigeant n'est pas incité à développer des investissements spécifiques, condition indispensable à l'émergence de rentes durables pour la firme[80]. Si un dirigeant se sent constamment menacé d'être révoqué et ne dispose que d'un laps de temps très court, du fait de l'absence de tout enracinement, il ne mettra pas en œuvre des décisions visant à améliorer dans la durée la position concurrentielle de la firme. Le fait que les dirigeants suivent des objectifs personnels n'est donc pas incompatible avec l'essor de l'entreprise.

Dit autrement, il semble ainsi légitime que les dirigeants qui réalisent des OFA connaissent le double souci de l'entreprise et de leur bénéfice personnel[81].

Chapitre 3

Les différentes modalités
de fusions-acquisitions

Que recouvre le terme de fusion ? Les entreprises utilisent en effet indifféremment dans leurs discours les mots fusion, acquisition, rapprochement, absorption, etc.

En pratique, les managers considèrent qu'il existe trois formes principales d'OFA : la fusion, l'absorption et l'acquisition. Nous présentons une définition de ces différentes formes dans la première partie de ce chapitre.

Pour réaliser des OFA, trois grandes opérations financières sont possibles : la cession de titres, l'apport de titres et l'apport d'actifs. Ces modalités, qui organisent le transfert de propriété de la cible, seront exposées dans la deuxième partie du chapitre.

Nous présenterons un certain nombre de spécificités concernant les modalités de fusions entre les sociétés cotées en Bourse.

Enfin, pour plus de détails concernant la dimension financière des OFA, le lecteur pourra se référer aux excellents ouvrages suivants : Ceddaha F., *Fusions Acquisitions : évaluation, négociation, ingénierie,*

Économica (2007), Vernimmen P., *Finance d'entreprise*, 6ᵉ éd. par Quiry P. et Le Fur Y., Dalloz (2005) et Raimbourg P., *Ingénierie financière, fiscale et juridique*, Dalloz Action (2006-2007).

Typologie d'OFA

Les trois formes d'OFA

Les managers que nous avons rencontrés estiment que les OFA relèvent principalement de trois modalités distinctes : les fusions, les absorptions et les acquisitions.

Ils ne se réfèrent pas prioritairement aux concepts juridiques et aux techniques financières, mais s'intéressent fondamentalement à la question du maintien (ou non) de l'entreprise dans une forme similaire à celle qui préexistait avant l'opération. Au fond, les managers sont davantage préoccupés par le sens de l'OFA que par la nature du montage financier.

Ainsi, on parle de fusion quand deux entreprises s'unissent pour n'en faire qu'une. Il y a création d'une nouvelle entité :

Entité A + Entité B → Entité C.

C'est le cas par exemple d'Aventis, issue de la fusion des sociétés Hoechst et Rhône-Poulenc.

Dans une absorption, la firme cible est tout d'abord acquise puis disparaît, étant absorbée par l'acquéreur :

Entité A + Entité B → Entité A.

Ainsi, Peugeot a absorbé Talbot.

Enfin dans une acquisition, une société est achetée par une autre et devient sa filiale. La cible rachetée conserve une existence en tant qu'entité distincte de l'acquéreur. Ce fut le cas de Peugeot rachetant Citroën.

Une communication confuse dans les entreprises

Même si la définition que donnent les managers de ces trois concepts s'avère assez simple, les entreprises ne distinguent guère dans leurs discours les notions de fusions et d'acquisitions. Parmi les entreprises que nous avons consultées, 70 % utilisent indifféremment dans leur communication interne les termes de fusions et d'acquisitions. Seuls les propos destinés à la communauté financière et aux instances de gouvernance sont précis et conformes à la réalité juridique.

Cette confusion semble motivée par des considérations opportunistes et parfois paradoxales :

— *« Les définitions juridiques sont tellement complexes que nous préférons employer le mot le plus simple et retenir celui qui est le plus proche de ce que nous allons vivre. Les mots de fusion ou d'acquisition, voire d'absorption, ont des images associées très fortes. »*

— *« Je préfère, même si ce n'est pas juridique, choisir le terme dont la connotation est la plus proche de ce que je veux créer comme projet. Si nous prenons le contrôle dominant d'une activité, nous utiliserons le mot d'acquisition. Si nous achetons une activité, mais veillons à les intégrer d'égal à égal, nous parlons de fusion. »*

Quant aux salariés interrogés dans notre enquête, 45 % ne savent pas si leur entreprise qui a subi une OFA a fait l'objet précisément d'une fusion ou d'une acquisition. Cette confusion est perçue par une minorité de salariés (20 %) comme négative. Pour la majorité d'entre eux, le plus important réside dans la pratique des dirigeants de ces concepts : *« Même si on annonce une fusion, dans certains cas, on n'intégrera quasiment pas les nouveaux. L'inverse est vrai. »*

Toutefois, il nous semble important que le management, dans sa fonction d'encadrement, sache décoder cette situation confuse :

— *« Mal évaluer la nature de l'opération annoncée par le président peut être fort dommageable. Nous nous attendions à une fusion et en réalité ce n'était qu'une simple acquisition. Les salariés et les syndicats s'opposaient au projet de fusion et nous avons dû faire face et donc vivre un stress inutile a posteriori. Et puis, surtout, nous avions l'air dépassés, sous-informés. Notre crédibilité en a pâti vis-à-vis de nos collaborateurs. »*

— *« Lorsque nous avons annoncé l'achat de l'autre entreprise, nous nous sentions dominants, or en réalité c'était une fusion. J'avais préparé des plans totalement décalés et les problématiques étaient pour nous plus complexes et plus vastes que nous ne l'avions imaginé avec une simple acquisition. »*

Des dirigeants reconnaissent aussi qu'un risque juridique pèse désormais sur eux : *« Les actionnaires, comme dans l'affaire Daimler Chrysler, peuvent contester notre action devant les tribunaux pour n'avoir pas précisé la nature juridique exacte de l opération envisagée. »*

Les critères de choix de la forme d'OFA

Pourquoi une entreprise va-t-elle opter pour une acquisition, une fusion ou une absorption, voire une alliance ? Les critères retenus par les dirigeants sont par ordre d'occurrence :

▶ le degré de contrôle qu'ils veulent exercer sur la cible[82] ;

▶ la capacité à faire émerger un management qui assurera le contrôle choisi[83].

Pour les managers, recourir à une absorption, c'est pouvoir obtenir le degré le plus élevé de contrôle : l'absorption équivaut au passage de l'entreprise absorbée sous contrôle absolu de l'absorbante. La fusion est synonyme, pour les praticiens, de mise en place de structures de gouvernance et de dirigeance communes[84]. L'acquisition enfin est synonyme de contrôle variable, lié au niveau de détention du capital financier, avec la possibilité de laisser subsister la société acquise sans devoir en assumer la responsabilité opérationnelle.

Le choix d'une fusion, d'une acquisition ou d'une absorption semble être aussi dicté par le rapport de force (taille, capitalisation boursière, niveau de performance financière, etc.) et la capacité financière à réaliser la prise de contrôle. Si les deux sociétés ont une taille et une valeur boursière similaires, la fusion aura beaucoup plus de chance d'être choisie. En revanche, les grandes firmes procèdent fréquemment à l'acquisition et à l'absorption d'entreprises de taille plus réduite.

Les dirigeants évoquent d'autres critères dans des cas beaucoup plus restreints :

- les capacités managériales de l'entreprise (nombre d'employés, qualification) ;
- les impératifs stratégiques.

Dans ce dernier cas, il arrive qu'une société soit acquise plutôt que fusionnée « *si elle est la seule sur un marché ou la seule sur une zone géographique et que le risque de détruire cette pépite par une fusion est trop important* ». Cela renvoie aux résistances des corps sociaux : « *Nous avons privilégié une acquisition partielle. Nous assurons le contrôle au sein du conseil d'administration, mais sans faire peur aux salariés, comme cela aurait été le cas pour une fusion, voire pire encore, une absorption.* »

L'enjeu de la prise de contrôle

La conception commune des dirigeants est que les intérêts économiques et stratégiques d'une opération de concentration ne sont véritablement atteints que si une réelle prise de contrôle « des atouts de la cible » est obtenue.

Une notion ambiguë

La prise de contrôle est essentielle dans les OFA. D'ailleurs, ces dernières font partie des investissements que les économistes définissent comme « directs ou durs », par opposition aux « investissements mous »[85], comme les prises de participation sans intention d'acquérir le contrôle de l'entreprise cible.

Le contrôle est une notion ambiguë sur laquelle il convient d'apporter quelques précisions. Une firme peut très bien en contrôler une autre sans pour autant disposer de 50 % des droits de vote.

Les **normes comptables IAS/FRS** et françaises considèrent qu'une entreprise dispose du contrôle si elle exerce véritablement le pouvoir. Cela se traduit selon les normes françaises par la désignation pendant deux exercices successifs de la majorité des membres des organes d'administration, de direction ou de surveillance de sa filiale. Si l'entreprise détient directement ou indirectement plus de 40 % des droits de vote et qu'aucun autre actionnaire n'a détenu un pourcentage supérieur, alors le contrôle est présumé.

Même si une forme juridique est choisie ou imposée par les contraintes, il ressort de notre analyse que les dirigeants ne se sentent pas emprisonnés par la forme juridique retenue : « *La dimension managériale surpasse le cadre juridique.* »

Le point de vue des dirigeants

Les dirigeants nous ont livré une analyse précise de la notion de contrôle[86] : « *Même si nous n'avons pas pris pour des raisons d'image le contrôle du capital par une fusion, nous avons dans nos pratiques managériales mis en place une vraie fusion, un vrai contrôle.* » Rejoignant en cela les spécialistes, les dirigeants considèrent que dans une OFA, le contrôle s'exerce, au-delà de la modalité juridique, principalement selon trois axes[87].

▶ Selon l'axe de la propriété, plus on possède une part importante du capital et des droits de vote, plus on dispose d'un rapport de force favorable. La réalité du contrôle est d'abord « capitalistique ». La propriété engendre un pouvoir hiérarchique sur les dirigeants, un pouvoir de recrutement et d'investissement, un pouvoir de sanction, etc.[88]

▶ Pour sa part, l'axe du modèle de la compétence fait que plus l'on dispose de savoir-faire (technologique, marketing, industriel, etc.), plus on contrôle. Cet axe vient compléter l'axe précédent.

▶ Enfin, selon l'axe du contrôle de gestion, contrôler une OFA implique ainsi une structure et un outil de gestion administrative du nouvel ensemble. Il faut en effet rendre des comptes aux actionnaires et aux pouvoirs publics : « *Celui qui contrôle cet outil de gestion détient un pouvoir sur l'ensemble de la structure parce qu'il peut imposer ses propres grilles de lecture et ses propres critères de performance.* » D'une manière générale, c'est l'entreprise initiatrice qui impose ses outils de gestion, même si, dans certains cas, il arrive que l'entreprise initiatrice se laisse « déborder », ne gère pas l'OFA et n'impose finalement aucune de ses règles, outils de gestion ou managers.

Soulignons ici que les coûts de contrôle ne doivent pas être sous-estimés[89]. Contrôler engendre une bureaucratie qui peut freiner la créativité et la flexibilité des entreprises rapprochées et alourdir les coûts de fonctionnement de la nouvelle structure. D'aucuns ont ainsi parlé de la non-compétitivité des coûts bureaucratiques des fusions : « *De façon quasi systématique, une partie des synergies d'OFA proviennent de la suppression d'une partie des organes de contrôle des deux sociétés alors devenus redondants ou inadaptés. En ce sens, il s'agit plutôt d'un gain de compétitivité lié à l'OFA. Il n'y aura accroissement de la charge bureaucratique que si la société initiatrice de l'opération n'a pas les structures (internationales, de gestion, managériale, etc.) pour piloter le nouveau groupe. Cela peut être le cas d'entreprises familiales de taille moyenne qui se diversifient à l'international.* »

Ces coûts sont aussi de nature indirecte ou « secondaire ». Par exemple, une entreprise américaine possédant des filiales dans le monde entier est assujettie à l'ensemble de la législation américaine, même pour les activités hors du territoire américain développées dans le cadre de la croissance externe.

Pour conclure, le contrôle relève moins de la dimension juridique que d'une certaine réalité managériale notamment liée au rapport de force entre les managements – et ce pays par pays ou division par division (par exemple : RP-Rorer en Allemagne ; GSI acquis par ADP aux États-Unis) – ou aux impératifs de communication, visant à diminuer la peur supposée des salariés face à tout changement.

L'autre forme de rapprochement : les alliances stratégiques

Les OFA diffèrent des accords inter-entreprises comme les alliances qui organisent des coopérations durables par le recours à des mécanismes contractuels[90], mais pour lesquels « *le contrôle est moins entier, pérenne et structurel* ».

Ces alliances permettent à des entreprises d'échanger des participations ou de créer des filiales communes sans qu'il y ait prise de contrôle d'une firme par une autre. Ces opérations de rapprochements (par exemple des joint-ventures) visent à faire émerger des synergies en mutualisant un certain nombre de fonctions transverses comme les achats, les systèmes d'informations ou la R & D.

Le rôle des alliances

Quel regard peut-on porter sur ce type d'accord ? Peut-on par exemple dire que les alliances constituent une alternative réelle aux OFA ?

Constatons tout d'abord qu'elles sont souvent complexes à mettre en œuvre sur un plan capitalistique et juridique, mais également au niveau de la gestion opérationnelle. On peut ainsi penser qu'une partie des synergies ne peut être captée, du fait même de l'absence de prise de contrôle. Pour la même raison, il faut également prévoir des clauses de sortie des deux partenaires.

Les alliances sont réversibles, certes à des degrés divers selon le niveau d'engagement, mais en tout cas davantage que les fusions, absorptions ou autres acquisitions. De ce point de vue, des partenaires créant une filiale commune pourraient hésiter à investir le meilleur d'eux-mêmes dans un partenariat dont les gains devraient être partagés. La tentation serait forte de transférer les pertes sur les autres… et de conserver les gains pour soi.

À court terme, l'alliance constitue peut-être une solution acceptable, voire la seule possible, pour des raisons tenant à l'actionnariat des entreprises ou au contexte politique (entreprises nationales, emblématiques, etc.). À plus long terme, le maintien de l'alliance nécessitera cependant de dégager un niveau de rentabilité du capital engagé, comparable à celui des concurrents, sous peine de voir remettre en cause ce mode d'organisation original.

L'avis de la communauté financière

Elle se montre généralement méfiante vis-à-vis des alliances se traduisant par des échanges de participations entre firmes. Le nombre d'actions « flottantes » est en effet réduit, ce qui renforce en quelque sorte l'autocontrôle et la protection des dirigeants face à une offre publique. La communauté financière craint toujours que ce type d'accord ne masque une forme de diversification latente contraire aux intérêts des actionnaires (voir le chapitre 5, p. 107), où les responsabilités sont diluées et où l'on ne sait pas qui est responsable de quoi. Dans cette logique, comme nous l'indiquons plus loin, la plupart des entreprises sont sous pression pour céder les participations croisées, considérées comme non stratégiques.

De manière générale, la communauté financière n'aime pas la différence, sauf si elle conduit à une meilleure performance. Si tel est le cas, pourquoi les concurrents ne font-ils pas le choix d'une même structure organisationnelle ? C'est la question à laquelle sont en permanence soumises les entreprises ayant procédé à des alliances stratégiques.

Certains dirigeants interrogés vont même plus loin en affirmant que toute alliance stratégique ou *a fortiori* une joint-venture est condamnée à disparaître ou à ce que l'un des deux partenaires prenne le dessus : « *L'alliance ne peut durer que le temps où les deux partenaires restent convaincus qu'ils vont perdre au profit d'un tiers (concurrent, État, client, etc.) l'avantage de la coopération et que cette perte sera supérieure à la contrainte d'être deux.* »

Les techniques financières de réalisation des OFA

Chaque OFA repose sur une opération financière qui organise le transfert de propriété et le paiement des titres, structure la présentation des comptes de l'entreprise post-OFA et *in fine* détermine la perception par les tiers du succès de l'opération.

Le choix d'une technique financière s'avère donc essentiel pour l'acquéreur, car déterminant de la réussite de l'opération. Voici les modalités financières les plus utilisées dans les opérations de fusions-acquisitions, c'est-à-dire la cession de titres, l'apport de titres et l'apport d'actifs.

Rappelons également ce que nous indiquions en début de chapitre, c'est-à-dire que les définitions retenues par les managers ne recoupent pas parfaitement les modalités financières présentées ci-après. Ainsi, prenons le cas d'une société qui acquiert une entreprise cible en payant en cash les titres, puis qui, dans un second temps, procède à la fusion de cette cible avec la maison mère. Pour les financiers et les juristes, il s'agit d'une acquisition reposant sur une cession de titres des actionnaires de la cible suivie d'une fusion. Pour les managers, on parle d'« absorption », car il n'y a dans notre exemple aucune ambiguïté sur la volonté de l'initiateur de prendre le contrôle absolu de la cible et de la gérer selon ses propres critères.

Dans un autre scénario, l'initiateur aurait pu acquérir les titres de la cible sans fusionner cette dernière afin de conserver ses caractéristiques propres (flexibilité, autonomie, etc.). Dans ce second cas, les managers auraient alors considéré qu'il s'agissait d'une simple « acquisition », car les conséquences organisationnelles et managériales auraient été (au moins dans un premier temps) limitées.

La cession de titres

Elle correspond simplement à la vente par les actionnaires des titres qu'ils détiennent. Après l'opération, la société cible devient filiale de la société initiatrice. Concrètement, les actionnaires de la cible se voient proposer une somme d'argent en échange de leurs titres. Une fois l'opération finalisée, les actionnaires de la cible ont reçu du cash et ne sont plus patrimonialement exposés sur la valeur des titres qu'ils ont cédés. Dans la plupart des pays, les actionnaires sont alors immédiatement imposés sur les plus-values réalisées et le patrimoine généré.

Sur un plan comptable, l'opération va se traduire par une réduction de la trésorerie et/ou l'alourdissement de la dette de la société initiatrice. Cette dernière doit généralement s'endetter pour financer l'opération, puis consolider dans ses comptes l'ensemble des actifs et des passifs externes de sa nouvelle filiale, comme le montre l'exemple ci-dessous[91].

La société A prend le contrôle de la société B par cession de titres. Les actionnaires de B cèdent leurs titres pour 240 (valeur boursière) à A et sont payés en cash (240). B devient la filiale de A. Les comptes consolidés de A font apparaître un endettement plus élevé (480 : dette de A (200) + dette d'acquisition de B (240) + dette de B (40)) et une survaleur (différence entre la valeur de marché de B et sa valeur comptable (240 120))[92].

La cession de titres

Avant opération

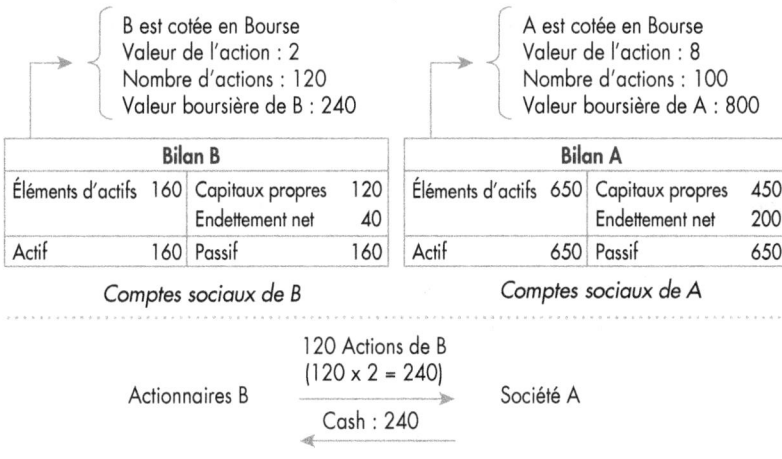

B est cotée en Bourse	A est cotée en Bourse
Valeur de l'action : 2	Valeur de l'action : 8
Nombre d'actions : 120	Nombre d'actions : 100
Valeur boursière de B : 240	Valeur boursière de A : 800

Bilan B				Bilan A			
Éléments d'actifs	160	Capitaux propres	120	Éléments d'actifs	650	Capitaux propres	450
		Endettement net	40			Endettement net	200
Actif	160	Passif	160	Actif	650	Passif	650

Comptes sociaux de B   *Comptes sociaux de A*

Actionnaires B	120 Actions de B (120 x 2 = 240) → / ← Cash : 240	Société A

La cession de titres (suite)

Après opération : comptes sociaux et consolidés de A

Bilan B			
Éléments d'actifs	160	Capitaux propres	120
		Endettement net	40
Actif	160	Passif	160

Comptes sociaux de B

Bilan A			
Titres B	240	Capitaux propres	450
Éléments d'actifs	650	Dettes financières	200
		Dettes financières financement B	240
Actif	890	Passif	890

Comptes sociaux de A

Bilan A			
Survaleur = (240 -120)	120	Capitaux propres	450
Éléments d'actifs = (160 + 650)	810	Dettes financières = (200 + 240 + 40)	480
Actif	930	Passif	930

Comptes consolidés de A

Comme nous l'ont rappelé plusieurs banquiers d'affaires rencontrés en rédigeant cet ouvrage, le coût apparent de la dette constitue un élément central dans la décision de l'initiateur de recourir à cette modalité financière. Durant les dernières années, le niveau relativement bas des taux d'intérêt (en valeur nominale) et le fait que les entreprises ont facilement eu accès à la dette (notamment parce qu'elles ont restauré leur rentabilité) expliquent pourquoi le recours à la cession de titres a été largement utilisé.

Attention cependant à ne pas se laisser abuser par un coût du financement apparemment faible et oublier que toute entreprise a un prix et finalement… surpayer la cible. Par ailleurs, dans un contexte de taux d'intérêt bas, le prix des actifs est généralement élevé, ce qui renforce l'importance des enjeux associés à l'évaluation de la cible.

Notons également que les fonds d'investissement, très actifs en matière de fusion-acquisition, recourent dans la plupart des cas à un mode de paiement en cash, contrairement aux industriels qui procèdent plus souvent à des échanges d'actions.

Enfin, la période qui s'ouvre devant nous devrait se caractériser par des taux d'intérêt plus élevés (remontée de l'inflation, crise des « subprimes », etc.) rendant ainsi plus compliqué le recours à un financement par dette.

L'apport de titres ou échange d'actions

Dans le cas de l'apport de titre, les actionnaires de la société cible (vendeur) reçoivent des actions de l'entreprise initiatrice (acheteur) en échange des actions qu'ils détiennent dans la société cible. Les actionnaires de la société initiatrice voient ainsi arriver à leurs côtés de nouveaux actionnaires (ex-actionnaires de la cible) et subissent une dilution du contrôle.

Sur un plan fiscal, les apports de titres peuvent bénéficier du « régime de faveur des fusions », qui prévoit le report d'impôts sur les plus-values en échange d'un engagement de conservation des titres pendant trois ans.

Sur un plan juridique et comptable, l'opération va se traduire par une augmentation de capital de la société initiatrice pour disposer de titres nouveaux qui seront échangés contre les actions de la cible. D'autre part, lors de la consolidation des comptes, les actifs et les passifs de la cible sont intégrés dans les comptes de la société initiatrice, ce qui augmente la dette consolidée du groupe. Cela étant, contrairement au cas de la cession de titres, le ratio d'endettement consolidé du groupe après rapprochement ne s'en trouve généralement pas dégradé, car l'opération a été financée par capitaux propres.

La société A prend le contrôle de la société B. Les actionnaires de B apportent leurs titres à A pour 240 (2 x 120) et sont payés en actions de la société A (30 x 8 = 240). À augmente son capital et crée trente nouvelles actions. Les actionnaires de B possèdent désormais 30/130 du capital du nouveau groupe. B devient filiale de A.

La cession de titres

Avant opération

B est cotée en Bourse
Valeur de l'action : 2
Nombre d'actions : 120
Valeur boursière de B : 240

A est cotée en Bourse
Valeur de l'action : 8
Nombre d'actions : 100
Valeur boursière de A : 800

Bilan B		
Éléments d'actifs 160	Capitaux propres	120
	Endettement net	40
Actif 160	Passif	160

Comptes sociaux de B

Bilan A		
Éléments d'actifs 650	Capitaux propres	450
	Endettement net	200
Actif 650	Passif	650

Comptes sociaux de A

Actionnaires B → 120 Actions de B (120 x 2 = 240) → Société A
← Cash : 240

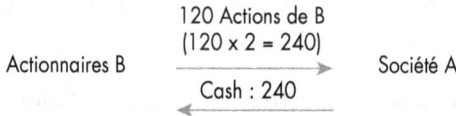

Après opération : comptes sociaux et consolidés de A

Bilan B		
Éléments d'actifs 160	Capitaux propres	120
	Endettement net	40
Actif 160	Passif	160

Comptes sociaux de B

Bilan A		
Titres B 240	Capitaux propres	450
Éléments d'actifs 650	Dettes financières	200
	Dettes financières financement B	240
Actif 890	Passif	890

Comptes sociaux de A

Bilan A		
Survaleur 120 = (240 -120)	Capitaux propres	450
Éléments d'actifs 810 = (160 + 650)	Dettes financières 480 = (200 + 240 + 40)	
Actif 930	Passif	930

Comptes consolidés de A

Les comptes consolidés de A font apparaître des capitaux propres plus élevés (capital de A plus augmentation de capital nécessaire à l'acquisition de B) et une survaleur : différence entre la valeur de marché de B et sa valeur comptable (240 - 120).

Le cas des holdings de contrôle

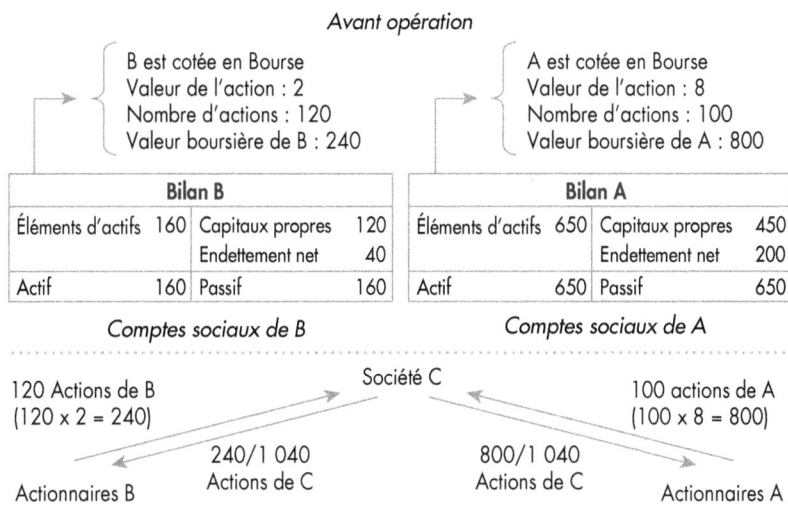

Les apports de titres sont également envisageables dans des contextes différents. Ainsi, les actionnaires des sociétés cible et initiatrice peuvent apporter leurs titres à une société qui devient alors la holding de contrôle du groupe.

Les actionnaires des sociétés A et B apportent leurs titres à une société C et reçoivent en échange des titres de cette dernière. Soulignons que C a été créée ex *nihilo* pour réaliser l'opération et n'avait préalablement à l'opération ni actif ni passif. C crée 1 040 actions nouvelles valorisées à 1, soit une valeur de marché des capitaux propres égale à 1 040 (1 040 x 1). Les actionnaires de A et B apportent leurs titres à C respectivement pour 800 (100 x 8) et 240 (120 x 2) et reçoivent 800/1 040 (77 %) et 240/1 040 (23 %) des actions de C. À et B deviennent ainsi filiales de C.

Le cas des holdings de contrôle

Avant opération

B est cotée en Bourse
Valeur de l'action : 2
Nombre d'actions : 120
Valeur boursière de B : 240

A est cotée en Bourse
Valeur de l'action : 8
Nombre d'actions : 100
Valeur boursière de A : 800

Bilan B		
Éléments d'actifs	160	Capitaux propres	120
		Endettement net	40
Actif	160	Passif	160

Comptes sociaux de B

Bilan A		
Éléments d'actifs	650	Capitaux propres	450
		Endettement net	200
Actif	650	Passif	650

Comptes sociaux de A

120 Actions de B
(120 x 2 = 240)

Société C

100 actions de A
(100 x 8 = 800)

Actionnaires B

240/1 040
Actions de C

800/1 040
Actions de C

Actionnaires A

Le cas des holdings de contrôle (suite)

. . . .

Après opération : comptes sociaux et consolidés de C

Bilan A		
Éléments d'actifs 650	Capitaux propres	450
	Endettement net	200
Actif 650	Passif	650

Comptes sociaux de A

Bilan C		
Titres A 800	Capitaux propres	1 040
Titres B 240		
Actif 1 040	Passif	1 040

Comptes sociaux de C

Bilan B		
Éléments d'actifs 160	Capitaux propres	120
	Endettement net	40
Actif 160	Passif	160

Comptes sociaux de B

Bilan C		
Survaleur = (800 – 450) + (240 – 120)	470	Capitaux propres = (450 + 240)	1 040
Éléments d'actifs = (160 + 650)	810	Dettes financières = (200 + 40)	240
Actif	1 280	Passif	1 280

Comptes consolidés de C

Cette opération peut s'analyser comme une quasi fusion-absorption de l'initiatrice et de la cible dans une troisième structure. Cela permet notamment à la nouvelle entreprise de disposer d'un nouveau cadre juridico-légal et ainsi de s'affranchir des spécificités des structures anciennes.

Les comptes consolidés de C font apparaître au passif des capitaux propres correspondant à la somme des valeurs de marché des capitaux propres de A et B et à l'actif une survaleur : différence entre les valeurs de marché de A et B et leur valeur comptable (800 - 650 et 240 - 120).

Le cas des fusions-absorptions

Comme dans le cas de l'apport de titres, les actionnaires de la cible et de l'initiatrice deviennent actionnaires du nouveau groupe et partagent les mêmes risques patrimoniaux. Fusion-absorption et apport de titres constituent des opérations très comparables sur un plan financier, puisque cela revient dans les deux cas à associer les actionnaires de la cible et de l'initiateur au sein d'un même ensemble. La différence est cependant de taille, car l'une des deux sociétés disparaît. Dans le cas précédent, la cible devenait filiale de l'initiatrice alors que dans le cas de la fusion-absorption, une seule entité juridique subsiste (voir le chapitre 6 pour les précisions sur la dimension juridique de l'opération).

Dans une opération de fusion-absorption, on distingue ainsi la société absorbante et la société absorbée. Cette dernière va transmettre universellement la totalité de son patrimoine, c'est-à-dire l'ensemble de ses éléments d'actifs et de passifs (contrats commerciaux, contrats de travail, risques et litiges, etc.) à la société absorbante. Il s'agit d'une opération très lourde sur un plan juridique, nécessitant notamment l'intervention d'un commissaire à la fusion.

Comme dans le cas de la cession de titres, les fusions-absorptions peuvent bénéficier sous les mêmes conditions du régime de faveur des fusions. Les actionnaires de l'absorbée peuvent ainsi échapper temporairement à l'imposition sur les plus-values. Là encore, le respect des conditions relatives à la durée de détention des titres et la limitation de la part payée en cash s'avèrent nécessaires.

Sur un plan comptable, il n'y a pas de comptes consolidés puisque la société absorbée a purement et simplement disparu. La situation comptable qui ressort du rapprochement est cependant sensiblement identique à celle relevant de la cession de titres[93].

La société A fusionne avec la société B. A est la société absorbante. Les sociétés A et B sont respectivement valorisées à 800 et à 240. Ainsi, les actionnaires de A disposent de 100/130 des actions du nouveau groupe post-fusion et les actionnaires de B disposent de 30/130. Les comptes consolidés de A font apparaître des capitaux propres plus élevés (capital de A plus valeur de marché de B) et une survaleur (différence entre la valeur de marché de B et sa valeur comptable (240 - 120)). Ces comptes sont très similaires à ceux résultant d'une cession de titres.

Le cas des fusions-absorption

Avant opération

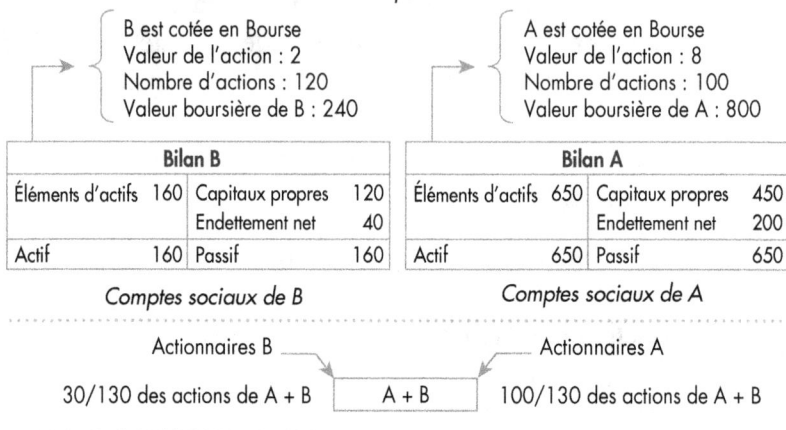

B est cotée en Bourse
Valeur de l'action : 2
Nombre d'actions : 120
Valeur boursière de B : 240

A est cotée en Bourse
Valeur de l'action : 8
Nombre d'actions : 100
Valeur boursière de A : 800

Bilan B		
Éléments d'actifs	160	Capitaux propres	120
		Endettement net	40
Actif	160	Passif	160

Comptes sociaux de B

Bilan A		
Éléments d'actifs	650	Capitaux propres	450
		Endettement net	200
Actif	650	Passif	650

Comptes sociaux de A

Actionnaires B — Actionnaires A

30/130 des actions de A + B   A + B   100/130 des actions de A + B

Après opération : comptes de A après absorption de B

Bilan A		
Survaleur = (240 – 120)	120	Capitaux propres = (450 + 240)	690
Éléments d'actifs = (160 + 650)	810	Dettes financières = (200 + 40)	240
Actif	930	Passif	930

Comptes de la société A

Dans cet exemple, notons qu'il n'existe pas de comptes consolidés, car la société B a disparu. Signalons également que le schéma comptable que nous présentons est possible parce que, d'une part, l'opération est dite « à l'endroit » (les actionnaires de A restent majoritaires) et, d'autre part, A et B étaient sous contrôle distinct. Si ces deux conditions n'avaient pas été réunies, l'apport de B aurait dû être comptabilisé en valeur comptable. Enfin, rappelons que dans un très grand nombre de cas, la fusion se résume à des reclassements internes de filiales au sein d'un même groupe, souvent après une prise de contrôle.

L'apport d'actifs

La société cible apporte des actifs à la société initiatrice et reçoit en échange des actions de la cible. Ce sont les actifs qui vont être évalués et non les actions de la société cible. Celle-ci devient une société holding détenant des actions de la société initiatrice. Il n'y a pas de comptes consolidés puisque les apports ont été réalisés directement.

La société B apporte tous ses actifs et passifs à la société A sur la base d'une valorisation égale à 240. La société B reçoit en échange des titres de A pour un montant similaire. Ainsi, la société B devient actionnaire de la société A et détient 30/130 du capital du groupe.

L'apport d'actifs

Avant opération

B est cotée en Bourse
Valeur de l'action : 2
Nombre d'actions : 120
Valeur boursière de B : 240

A est cotée en Bourse
Valeur de l'action : 8
Nombre d'actions : 100
Valeur boursière de A : 800

Bilan B		
Éléments d'actifs 160	Capitaux propres	120
	Endettement net	40
Actif 160	Passif	160

Comptes sociaux de B

Bilan A		
Éléments d'actifs 650	Capitaux propres	450
	Endettement net	200
Actif 650	Passif	650

Comptes sociaux de A

Société B   Actifs valorisés à 240

Détient 3/13   30 actions de A
du capital de A   (30 x 8 = 240)   Société A

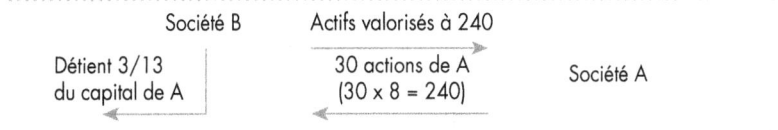

Après opération : comptes sociaux A et B

Bilan A		
Survaleur 120 = (240 -120)	Capitaux propres	450
Éléments d'actifs 810 = (160 + 650)	Dettes financières = (200 + 240 + 40)	480
Actif 930	Passif	930

Comptes sociaux de A

Bilan B		
Titres A 240	Capitaux propres	240
Actif 240	Passif	240

Comptes sociaux de B

Sur un plan fiscal, si les actifs et passifs cédés peuvent être assimilés à un ensemble économique cohérent, le régime des fusions peut également s'appliquer, à la condition toutefois que la société réalisant l'apport s'engage à conserver les titres reçus en rémunération pendant trois ans. Notons enfin que l'apport d'actifs constitue une opération relativement habituelle pour les entreprises qui souhaitent créer des filiales. La société « mère » apporte des actifs à une société fille et est rémunérée par des titres de cette société.

Le régime spécifique des entreprises cotées en Bourse

La cotation en Bourse des entreprises impliquées dans une OFA entraîne des conséquences importantes. Les entreprises cotées doivent en effet respecter un certain nombre de règles précises concernant l'agrément par les autorités de tutelle, le calendrier de l'opération, mais également l'information financière. Quand deux entreprises cotées en Bourse veulent réaliser une OFA, elles peuvent recourir à une offre publique ou à une fusion entre égaux.

Les offres publiques (OPA, OPE)

Selon la plupart des législations boursières en vigueur dans les différents pays, une offre publique suit un processus extrêmement formel. Les entreprises cotées ont fait appel à l'épargne publique et le législateur se doit de protéger les actionnaires contre toute spoliation en imposant un cadre réglementaire contraignant.

Les différentes formes d'offres publiques sont :

- Offre Publique d'Achat (OPA) si les actionnaires de la cible sont payés en cash (exemple de l'offre de Danone sur Numico) ;
- Offre Publique d'Échange (OPE) si les actionnaires de la cible sont payés en titres de la société initiatrice (exemple de Total Fina sur Elf ou de BNP sur Paribas) ;

▶ offre mixte si les actionnaires de la cible sont payés en cash et en titres (exemple de Mittal Steel sur Arcelor).

L'initiateur de l'offre doit tout d'abord déposer un dossier devant l'autorité des marchés financiers locale (AMF en France, BaFin en Allemagne, Consob en Italie, etc.) présentant les caractéristiques (principaux actionnaires, structure financière, marchés/produits, etc.) ainsi que les raisons de son offre (motivations, évaluation de la cible, etc.). Après étude du dossier, les autorités boursières donnent le visa à l'opération, qui va pouvoir être lancée. Le dépôt du dossier d'offre publique entraîne la suspension des cotations, qui ne reprendront qu'après publication de l'avis de recevabilité de l'offre.

Notons qu'en 2004, une directive européenne a défini un cadre général pour la réglementation des offres publiques. Ce texte demeure cependant relativement général et laisse aux États une large autonomie pour la transposition dans les différents droits nationaux.

Les durées d'offres sont ainsi variables selon les pays. En France, l'offre dure entre vingt-cinq et trente-cinq jours de Bourse et durant cette période, les actionnaires peuvent apporter leurs titres ou les vendre sur le marché financier. L'offre porte sur 100 % du capital et est irrévocable. Il existe cependant des clauses suspensives. L'initiateur peut inclure dans son offre un seuil de succès correspondant à l'obtention d'un pourcentage du capital, (ce qui revient à dire que l'opération est caduque si ce seuil n'est pas atteint).

Les seuils de déclenchement d'offres obligatoire varient d'un pays à un autre. La plupart des pays européens ont cependant adopté un seuil situé autour de 30 % du capital ou des droits de vote.

Les entreprises qui ont dépassé ce seuil de contrôle (par exemple, suite à l'acquisition d'un bloc d'actions, directement ou de concert avec une autre entreprise) sont dans l'obligation de déposer une offre dite « publique » obligatoire pour proposer une alternative à l'ensemble des actionnaires de la cible.

Durant les périodes d'offres, les mouvements sur les titres sont sur-veillés. Les rachats et les ventes de titres par les sociétés concernées, les administrateurs, les établissements financiers ou les autres action-naires détenant 5 % du capital ou ayant acquis plus de 0,5 % du capital depuis le début de l'offre doivent être signalés aux autorités boursières chaque jour et transiter obligatoirement par le marché.

Afin de convaincre les actionnaires d'apporter leurs titres à l'offre, l'acquéreur doit généralement offrir une prime par rapport au der-nier cours de Bourse (ou à une moyenne des derniers cours de Bourse). Selon les banquiers que nous avons rencontrés, cette prime est généralement comprise dans une fourchette située entre 20 et 40 % de la valeur du dernier cours de Bourse de la cible. Selon la *Lettre Vernimmen* de février 2004, les primes payées aux actionnaires sont supérieures aux États-Unis et au Royaume-Uni et s'avèrent plus volatiles et plus faibles en moyenne dans les autres pays européens. Notons également que les niveaux de primes sont différents si les cibles sont cotées ou non et dépendent également de la méthode de paiement choisie par l'initiateur.

Les offres hostiles ou amicales

Les OPE/OPA sont réalisées selon deux modalités : hostiles ou ami-cales.

Les offres hostiles

Face à une offre hostile, la direction de l'entreprise cible s'y oppose, considérant qu'elle n'est pas conforme à l'intérêt des actionnaires. En pratique, les actionnaires suivent majoritairement la position de la direction. On relèvera toutefois quelques exemples contraires et retentissants comme celui de l'OFA Mannesmann/Vodafone, où le conseil d'administration n'a pas suivi les dirigeants.

L'association néerlandaise des actionnaires (VEB) a demandé à un tri-bunal d'Amsterdam d'ouvrir une enquête sur l'attitude de la direction d'**ABN AMRO** dans la bataille boursière qui oppose Barclays à la Royal

Bank of Scotland. Selon ce groupe d'actionnaires, la direction d'ABN AMRO a fait preuve de négligence vis-à-vis des actionnaires en favorisant l'offre de reprise amicale de Barclays[94].

Pour se défendre contre une offre hostile, la direction de l'entreprise cible, dès lors qu'elle est soutenue par ses principaux actionnaires, peut déclencher une bataille juridico-médiatique visant à montrer que l'offre de l'acquéreur n'est pas acceptable. Pour cela, il s'agit de démontrer que l'entreprise cible n'est pas correctement valorisée et que l'offre n'est pas suffisamment attractive. Cette bataille peut aussi permettre de mobiliser les pouvoirs publics et les autres *stakeholders* dans le but de dégrader l'image « sociétale » de l'acquéreur – en insistant par exemple sur les conséquences sociales de l'offre, etc.

Les offres amicales

L'entreprise cible peut également demander de l'aide à un « chevalier blanc », entreprise amie qui fera une contre-offre, mais cette fois de nature amicale, comme ce fut le cas pour Allianz, intervenue pour « secourir » les AGF et contrer l'offre de Generali. La cible peut également lancer une offre sur l'acquéreur comme ce fut le cas pour Elf dans la bataille boursière l'opposant à Total Fina.

La cible peut également émettre des valeurs mobilières afin d'accroître le coût et la probabilité d'échec pour l'initiateur. En France, la loi du 31 mars 2006[95] permet désormais à l'assemblée des actionnaires de décider de l'émission de bons permettant de souscrire, à des conditions préférentielles, à des actions de la société et leur attribution gratuite à tous les actionnaires ayant cette qualité avant l'expiration de la période d'offre publique. La loi affirme également le principe de réciprocité qui prévoit que les entreprises peuvent prendre des mesures de défense comparables à celles dont dispose l'entreprise à l'origine de l'offre, sans attendre l'approbation de l'assemblée générale. Ces mesures donnent de fait une plus grande capacité de résistance aux offres publiques hostiles.

Le cas du paiement en titres dans les OPE

Le paiement en titre est utilisé le plus fréquemment pour les entreprises cotées que non cotées. En effet pour accepter d'être « payés en titres »[96], les actionnaires de la cible souhaitent recevoir des actions liquides et valorisées en permanence sur une place boursière.

Dans le cas du paiement en titres, les actionnaires de la cible sont exposés parce qu'ils vont devenir actionnaires du nouveau groupe constitué après l'OFA et doivent répondre, de ce fait, à deux questions distinctes.

À court terme

À court terme l'offre est-elle attractive ? Si les deux firmes sont cotées, la valeur relative de l'action de la cible par rapport à celle de l'initiatrice constitue un repère incontournable. Si le marché financier croit au succès de l'opération, les cours de Bourse des deux sociétés s'aligneront sur les parités proposées par l'initiateur. En revanche, si le marché financier pense que l'opération ne se fera pas ou qu'une surenchère est probable, alors les cours de Bourse ne seront pas « calés » sur la proposition de l'initiateur. Ce serait le cas si l'initiateur proposait d'échanger une action de la cible contre l'une de ses propres actions, alors que, dans le même temps, l'action de la cible aurait sur le marché financier une valeur égale à 1,2 fois celle de l'initiateur.

À long terme

À plus long terme, le nouveau groupe constitué a-t-il du sens sur un plan économique ? Si les actionnaires apportent leurs titres, ils doivent s'interroger sur les performances financières futures du nouveau groupe (en prenant en compte les synergies issues du rapprochement) dont ils seront actionnaires. De ce point de vue, l'apport de titres se distingue de la cession de titres. Dans le premier cas, l'actionnaire reste associé au devenir de l'entreprise, mais n'assume plus aucun risque dans le second.

Notons également que l'ingénierie financière fournit des outils permettant de protéger partiellement les actionnaires de la cible en leur attribuant des titres financiers appelés « Certificats de Valeur Garantie » (CVG). Ces derniers sont des options de vente garantissant aux actionnaires qu'ils pourront céder à une date donnée et à un prix-plancher les titres reçus lors de l'opération. Les certificats de valeur garantie ont été utilisés par Schneider lors de son OPE sur SPIE, Axa sur UAP, BNP sur Paribas, Rallye sur Casino, etc.

Les fusions entre égaux

La fusion entre égaux constitue une autre modalité d'OFA pour les firmes cotées, qui ne relève pas directement du cas d'une offre publique.

Soulignons cependant que, dans la pratique, une OPE précède souvent la fusion entre égaux afin de permettre préalablement un changement de contrôle de la cible et faciliter le déroulement de la fusion.

Les fusions entre égaux concernent les entreprises cotées de taille similaire. Pour réaliser une fusion entre égaux, il faut définir les parités de fusion, ce qui revient à fixer les valeurs des deux entreprises qui sont pourtant cotées. Ce processus conduit les directions des deux entreprises à « caler » les valeurs relatives à partir d'hypothèses communes sur les valeurs intrinsèques, mais également en ce qui concerne les synergies attendues et leur partage. Cela induit généralement des échanges d'informations poussés entre les deux firmes qui doivent mutuellement s'évaluer.

Les parités relatives seront évidemment fortement dépendantes des valeurs boursières, car dans ce type d'opération, le cours de Bourse demeure un repère incontournable. Les parités proposées dans le traité de fusion peuvent cependant s'éloigner (au moins dans une certaine mesure) des cours de Bourse, car elles sont établies à partir de méthodes multicritères (cours de Bourse, mais également comparables boursiers, actualisation des flux futurs, etc.).

Cependant, rien n'empêche également la communauté financière de considérer que les parités proposées par les deux directions ne sont pas équitables et favorisent *de facto* l'une des deux entreprises, ou encore qu'une autre solution que la fusion demeure plus favorable. Dans ce cas, la posture des dirigeants peut très vite devenir très inconfortable… car le projet est alors remis en cause par les actionnaires.

De toute manière, les actionnaires sont en capacité de faire entendre leurs voix. Lors d'une assemblée générale extraordinaire, les deux sociétés doivent en effet faire valider par leurs actionnaires le traité de fusion qui présente les conditions générales de l'opération (valeurs relatives, objectifs, etc.). Ce sont donc les actionnaires qui *in fine* valideront l'opération.

Chapitre 4

L'organisation du projet d'OFA

Comme nous l'avons déjà indiqué, les OFA sont désormais constitutives des politiques de développement des entreprises. À ce titre leur gestion s'est nettement professionnalisée ces dernières années. Les entreprises ont acquis des compétences leur permettant de manager avec de plus en plus de fiabilité les processus complexes que constituent les OFA.

En fonction de la taille et des enjeux associés à une OFA, les moyens engagés diffèrent évidemment. Les petites acquisitions sont parfois réalisées par les filiales ou métiers, sans que la direction générale soit véritablement impliquée. En revanche, dans le cas des grandes fusions entre égaux ou d'acquisitions majeures, le dirigeant stratège, c'est-à-dire celui qui, avec sa « *dream team* » a repéré et initié l'OFA, va devoir se muer en dirigeant fusionneur et mobiliser de nombreux moyens. Il va s'appuyer sur le management pour organiser ce chantier et réaliser concrètement l'opération dans les meilleurs délais.

Nous tenterons dans ce chapitre de présenter comment les entreprises se sont organisées pour gérer les processus d'OFA.

L'homogénéité des pratiques d'OFA, un atout pour les managers

Une logique de projet

Les résultats de notre enquête révèlent une forte cohérence des pratiques des entreprises européennes : elles gèrent les OFA selon un mode projet avec désormais de plus en plus souvent des équipes spécifiquement dédiées à l'opération.

Elles adoptent ainsi une organisation des projets d'OFA en fonction de leur nature stratégique.

Les organisations des projets d'OFA non stratégiques

Les OFA non stratégiques sont des opérations non structurantes, dans lesquelles la direction générale de l'acquéreur est relativement peu sollicitée – par exemple parce que la taille de la cible est marginale par rapport à celle de l'acquéreur. Le dispositif de gestion de ces OFA s'articule autour de trois fonctions.

Le business développement

Il s'agit de disposer d'équipes capables de détecter les cibles disponibles en cohérence avec la stratégie définie. Les « business développeurs » peuvent être des commerciaux, des opérationnels ou des représentants de l'entreprise à l'étranger, qui, de par leurs contacts permanents avec le terrain, sont informés des opportunités en matière de croissance externe.

La direction de la stratégie peut également être impliquée. Comme nous l'avons indiqué, les banques d'affaires apportent également des idées de cible et jouent un rôle important en matière de « screening » de cibles potentielles dans le secteur.

Dans un monde idéal, l'entreprise doit être pro-active pour solliciter des cibles, mais également savoir réagir rapidement en cas de démarrage d'un processus de vente.

L'« exécution »

La gestion du processus de fusions-acquisitions (« l'exécution ») nécessite de maîtriser des compétences financières particulières. La plupart des grandes entreprises disposent d'équipes M & A (*mergers and acquisitions*) organisées pour mener à bien ce type de missions. Ces équipes sont généralement constituées d'anciens banquiers d'affaires (ou de financiers au sens large) et de spécialistes des métiers pouvant valider les business plans proposés par les cibles.

Les équipes M & A ont la responsabilité de la partie purement financière de l'OFA lors des différentes phases de l'opération (remise d'une offre non liante, puis d'une offre liante). Elles sont notamment chargées de l'évaluation de la cible, de la négociation du prix et des garanties de passifs ainsi que de la rédaction du contrat de vente. Elles coordonnent le travail des banques d'affaires et des autres consultants.

Notons enfin que l'exécution des OFA tend de plus en plus à se standardiser du fait de la présence de fonds d'investissement ayant largement contribué à homogénéiser les pratiques.

L'intégration

La phase d'intégration est souvent la plus délicate à mener et probablement la moins bien gérée dans ces cas d'OFA. Comme nous le verrons plus loin, une fois l'euphorie liée à l'opération passée, l'intégration intéresse moins la direction générale. C'est pourtant une phase capitale pour la réussite de l'opération.

Les projets d'OFA stratégiques

Les OFA majeures ou stratégiques vont mobiliser des équipes supplémentaires et de nouvelles fonctionnalités.

Un pilotage central

La création de structures de pilotage central spécialement dédiées à ces opérations est extrêmement fréquente. Ces comités de pilotage sont le plus souvent rattachés à la direction générale, voire à la présidence.

Des moyens importants y sont consacrés tant en hommes qu'en moyens matériels.

L'intégration

Dans ces OFA et notamment dans le cas des fusions entre égaux, des équipes dédiées (« *mergering* ») cohabitent de plus en plus souvent avec des équipes chargées de gérer le quotidien des deux sociétés historiques[97]. Certaines ont créé des équipes d'intégration post-fusion, faisant écho aux préconisations des spécialistes de gestion, alternant entre planification[98] et réactivité[99]. Les procédures formelles de management d'OFA sont assez répandues.

Les modalités de gestion du processus sont souvent communiquées en interne, voire en externe : « *Cela rassure le personnel. La fusion a des noms et des images et cela rassure les clients, banquiers et autres agences. Ils ont le sentiment fondé que nous faisons les choses sérieusement.* »

L'appui externe

Le recours à des cabinets extérieurs spécialisés en management du changement et en gestion des OFA se produit lui aussi particulièrement souvent.

Le mimétisme des entreprises

Comme le reconnaissait un président de groupe français : « *Il y a peu d'originalité dans l'organisation des fusions-acquisitions. Nous faisons tous plus ou moins pareil.* »

Un article publié dans l'édition du 20 mars 2007 des *Échos* soulignait ce mimétisme : « *L'Allemand TUI et le Britannique First Choice se sont donc contentés de copier-coller l'opération qui a réuni leurs concurrents Thomas Cook et My Travel. La similitude des deux unions entre poids lourds européens du tourisme va jusque dans les détails.* »

Cet isomorphisme processuel s'expliquerait tout particulièrement par quatre raisons principales.

Tout d'abord, l'effet prescriptif des cabinets de conseil et des banques d'affaires constitue une dynamique contingente. Cela est d'autant plus fort, qu'il ressort de notre enquête que peu de concentrations d'entreprises sont réalisées sans l'appui de consultants et que ces derniers abordent globalement la problématique avec les mêmes outils d'analyse et de mesure.

On constate en outre un conditionnement très fort du fait de la loi. Le droit est assez détaillé en matière d'OFA pour impliquer un processus homogène de firme à firme.

Par ailleurs, le cadre financier et boursier commun à toutes les entreprises de notre échantillon cotées en Bourse est considéré comme très prescripteur : « *Nous savons ce que la communauté financière aime ou pas dans les fusions, et nous nous adaptons à leurs exigences* », reconnaît le DAF d'un groupe allemand.

Enfin, les échanges réguliers et le benchmark entre praticiens créent des références communes et favorisent le développement d'outils communs.

> Ainsi, pour la fusion **Daimler/Chrysler**, les dirigeants se sont officiellement inspiré des fusions ABB, Novartis, Glaxo/SmithKline, lesquelles s'étaient inspirées d'autres OFA, telles que DuPont/Ici[100].

Cette homogénéité, au moins dans les grandes lignes, semble faciliter la vie des managers. Comme le soulignait l'un de nos interlocuteurs : « *Ce n'est pas la peine d'inventer une organisation originale de projet. Depuis une dizaine d'années, des pratiques qui ont fait leur preuve sont disponibles, et c'est moins risqué en termes de carrière de faire comme tout le monde. Si ça rate, on ne pourra pas nous dire que notre projet était mal pensé !* »

L'organisation du projet : les meilleures pratiques

Nous exposerons ci-après les *best practices* en termes de conduite et de structuration des projets d'OFA stratégiques (les autres OFA, on l'aura compris, étant moins intéressantes car minimalistes).

Le management du projet des OFA est assez matriciel : il implique la gestion de trois chantiers pendant trois temps – soit une double tri-dimension !

Les trois chantiers

L'ensemble des pratiques de management des OFA décrites dans ce livre ne s'exerce pas dans un monde isolé où les ressources ne seraient dédiées qu'à l'opération. En effet, et c'est là l'une des principales difficultés, les managers doivent mener de front plusieurs chantiers avec le même professionnalisme, la même énergie. Il s'agit notamment d'assurer :

▶ la gestion *in extremis* des sociétés engagées dans l'OFA ;

▶ la gestion ès OFA, spécifique au fusionnement ;

▶ la gestion du nouvel ensemble, dans une dynamique de coalescence.

Ces trois niveaux d'activités s'appliquent simultanément aux trois temps de l'OFA – développés ci-après – : le temps des « fiançailles », celui du « mariage », enfin celui du « couple ». Cela a fait dire à un praticien que « *pour gérer une fusion, il faut un vrai don d'ubiquité* ». Il appartient donc aux managers de gérer ces trois « chantiers » croisés et simultanés.

Cette « synchronicité tridimensionnelle » confirme la réelle complexité de gestion. Cette donnée est très souvent oubliée ou « méprisée » et pourtant, c'est l'une des sources d'échec des OFA : « *Oublier le quotidien est un risque réel. On préfère parler de grand projet que des résidus du passé. C'est comme cela que, tout à notre projet de fusion, nous avons négligé nos clients et notre assistance technique clients. Résultat : une perte significative de gros marchés que nous avons mis un temps fou à reconquérir après la fusion.* »

Il est surprenant de constater que la majorité des experts et des auteurs ne s'intéresse qu'au rapprochement *stricto sensu* et que les deux autres dimensions pourtant essentielles à la réussite du projet d'OFA n'attirent pas l'attention des dirigeants et des managers. Cela s'explique probablement par le fait que seul le rapprochement est médiatisé et vecteur de communication. Comme le soulignait l'un de nos interlocuteurs : « *Qui pourrait être intéressé par la fermeture des deux sociétés historiques et la gestion du business quotidien quand un nouvel univers s'annonce ?* »

Les trois temps

Comme nous venons de le voir, les praticiens gèrent le processus d'OFA en trois temps (fiançailles, mariage et couple). En ce sens, ils n'ont pas la même approche de la structure du processus que les experts spécialistes de gestion.

Une première école[101] envisage en effet ce processus comme séquentiel, dont les phases majeures sont l'évaluation financière et la gestion de la pré-acquisition (notamment lors de l'audit d'acquisition ou « *due diligence* »). La période de l'avant l'OFA s'avère la plus importante.

Une seconde école, dite « du processus »[102], met en avant l'importance de l'aspect évolutif et structurant du processus même d'OFA. L'analyse stratégique de pré-acquisition effectuée au départ n'est plus ici envisagée comme déterminant la finalité et le processus de l'opération. L'analyse stratégique doit donner une indication d'une potentielle création de valeur et de difficultés possibles à venir.

Praxis des entreprises : l'analogie du mariage

Pour qualifier ces trois temps, nous avons choisi de retenir les dénominations les plus utilisées par les praticiens et les auteurs[103] : celle du mariage. Elles ont le mérite de rendre plus compréhensibles les différentes étapes d'une OFA.

Sans entrer dans le détail des conceptions juridiques et psychologiques, le mariage se définit souvent comme une fusion de personnes, accompagnée de la disparition des différences[104]. La partie est sacrifiée pour le tout, par lequel elle prend un sens. Par le mariage, « ils sont un »[105]. La similitude avec les fusions est très forte :

▶ création d'un nouveau statut juridique ;

▶ création d'un nouveau patrimoine ;

▶ modification des patronymes ;

▶ alliance de deux êtres préexistants ;

▶ émergence d'une troisième entité, *i.e.* le couple, qui doit s'organiser, vivre, s'animer sans nier les personnalités préexistantes.

L'analogie du mariage ne manque d'ailleurs pas d'être rappelée régulièrement : plus de 80 % des documents d'entreprise relatifs à une fusion invoquent positivement cette référence ! Un grand nombre de salariés interrogés rebondissent sur cette évocation du mariage pour en évoquer une autre dimension, celle du divorce. Nous verrons ultérieurement que cette association d'idée ne doit pas être sous-estimée.

Soulignons enfin que cette analogie avec le mariage ne prend pleinement son sens qu'en cas de rapprochement amical. Une offre publique hostile (reposant sur un apport ou une cession de titres) n'intègre pas de phase dite des fiançailles. Le mariage est alors forcé… au moins pour le management de la société cible.

Figure 1 : Schéma de déroulement d'une OFA

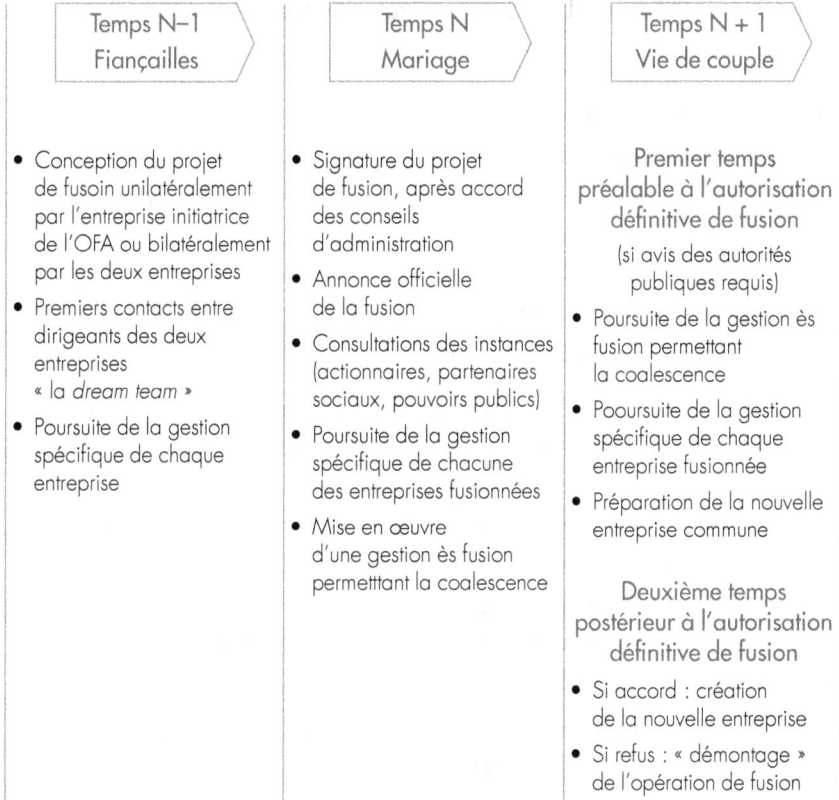

Temps N–1 Fiançailles	Temps N Mariage	Temps N + 1 Vie de couple
• Conception du projet de fusoin unilatéralement par l'entreprise initiatrice de l'OFA ou bilatéralement par les deux entreprises • Premiers contacts entre dirigeants des deux entreprises « la *dream team* » • Poursuite de la gestion spécifique de chaque entreprise	• Signature du projet de fusion, après accord des conseils d'administration • Annonce officielle de la fusion • Consultations des instances (actionnaires, partenaires sociaux, pouvoirs publics) • Poursuite de la gestion spécifique de chacune des entreprises fusionnées • Mise en œuvre d'une gestion ès fusion permetttant la coalescence	**Premier temps** préalable à l'autorisation définitive de fusion (si avis des autorités publiques requis) • Poursuite de la gestion ès fusion permettant la coalescence • Pooursuite de la gestion spécifique de chaque entreprise fusionnée • Préparation de la nouvelle entreprise commune **Deuxième temps** postérieur à l'autorisation définitive de fusion • Si accord : création de la nouvelle entreprise • Si refus : « démontage » de l'opération de fusion

Dans le cadre de l'analogie du mariage, les entreprises structurent donc le projet de fusionnement autour de trois temps.

Première étape : les fiançailles (N - 1)

La période N - 1 correspond aux « fiançailles ». Antérieure à l'union, elle couvre la période de conception du projet et des premiers contacts. Aucune information n'est censée circuler durant les fiançailles. L'obligation de confidentialité imposée tant pour des raisons juridiques, gestionnaires, concurrentielles, boursières que managériales en réduit l'impact sur les ressources humaines. Cette période concerne principalement les dirigeants choisis par le président pour être dans le secret de l'OFA. Le DRH ainsi que le management sont généralement peu impliqués à ce stade.

Les audits de *due diligence*

Lors de cette étape, les entreprises procèdent à des audits d'évaluation de la société cible, le plus souvent nommés audit de *due diligence*. Ces derniers constituent une étape essentielle dans une OFA et sont généralement sous-traités à des cabinets spécialisés capables de produire des prestations relativement standardisées dans des délais très rapides, et ceci dans la plupart des pays du monde.

Un audit de *due diligence* s'effectue dans le but de limiter les risques associés à une acquisition. Il vise à évaluer les éléments constitutifs de la valeur de la cible et à protéger l'acheteur contre certains risques. Les auditeurs vont par exemple valider la réalité des postes comptables que sont les stocks, les créances clients, les marques et brevets, les soldes intermédiaires de gestion, etc. Ils vérifient que les provisions ont été correctement constituées et qu'il n'y a pas de litiges en cours non comptabilisés.

Ce travail d'audit fournit les éléments essentiels pour élaborer le prix d'acquisition de la cible et définir la clause de « garantie de passif ». Si celle-ci est activée, l'acheteur pourra se retourner contre le vendeur dans les domaines où le passif s'avère finalement plus élevé que prévu initialement. Par exemple, si la clause de garantie de passif couvre les questions fiscales (ce qui est généralement le cas), la somme due au titre du redressement fiscal réalisé après l'OFA mais portant sur les années antérieures est alors imputée au vendeur.

Les audits de *due diligence* peuvent être étendus très largement et intégrer l'ensemble des fonctions de l'entreprise cible (RH, marketing, logistique, comptabilité, fiscalité, etc.).

Concrètement, les auditeurs se voient remettre pour une durée de temps limitée (quelques jours) des informations, dont un grand nombre sont confidentielles, dans une salle dénommée « *data* room ». Cette information sera exploitée pour l'audit de *due diligence*. Dans certains cas, la *data room* peut être « virtuelle » dans la mesure où le vendeur a mis à la disposition des acquéreurs les informations nécessaires à l'audit sur un site Internet sécurisé.

Dès lors que l'OFA est un projet partagé (par exemple une fusion entre égaux), les audits de *due diligence* sont réalisés de concert avec la cible. Cette posture est ambiguë, en particulier dans les OFA horizontales. Tant que l'union juridique de la période N n'est pas scellée, les deux entreprises restent concurrentes.

Au regard de leur intérêt et du droit de la concurrence, la prudence s'impose donc dans les documents et informations livrés lors de l'audit à l'autre entreprise. Pourtant, il faut accéder au plus grand nombre d'informations afin de cerner les enjeux réels de l'OFA. C'est là un antagonisme redoutable pour les auditeurs et les managers.

Par ailleurs, les impératifs de confidentialité complexifient grandement la réalisation des audits :

— *« Si les auditeurs circulent dans la société cible, immédiatement les rumeurs se développent et déstabilisent managers et salariés. »*

— *« Quand de telles rumeurs se développent suite à des fuites relatives à un audit de due diligence en cours, les syndicats nous menacent de délit d'entrave. »*

Dans le cas d'OFA hostiles, les premiers audits sont réalisés sans l'appui de la cible et en règle générale à partir de documents institutionnels. Lorsque la société initiatrice ou absorbante prend le contrôle de la cible, des audits sont alors réalisés *in situ*, dans l'entreprise « perdante » : *« Vous imaginez l'ambiance ! Nous avons dû tout livrer, mettre à disposition toutes les infos, souvent plus que de nécessaire. Nous étions les vaincus. »*

La question de l'évaluation de la cible

L'évaluation de la cible s'effectue également lors de cette phase de fiançailles. Ce travail d'évaluation est réalisé par l'entreprise initiatrice ou par les banques conseil. On procède généralement à une évaluation à deux niveaux.

Le premier, dit « *stand alone* », renvoie à l'évaluation de l'entreprise telle qu'elle est aujourd'hui, compte tenu de ses forces et de ses faiblesses et considérant son business plan actuel. Le second niveau relève de l'estimation des synergies générées par le rapprochement. L'acquéreur va essayer de chiffrer les gains liés à l'acquisition et les prendra comme repère pour fixer le prix maximal qu'il est prêt à payer – sachant que s'il paye toutes les synergies à l'acquéreur, la création de valeur sera limitée.

Les entreprises utilisent pour la plupart deux types de méthodes : celles de cash-flows actualisés et d'autres fondées sur les multiples boursiers ou de transaction. Des simulations sont effectuées et donnent des fourchettes numériques, qui servent à caler une première estimation de la valeur.

L'évaluation représente un exercice délicat parce que très sensible aux hypothèses retenues. Par exemple, le taux de croissance à l'infini et le taux d'actualisation utilisés dans les méthodes de cash-flows constituent des paramètres essentiels, mais présentent le défaut d'être très instables selon leur mode de calcul ou d'estimation. Le choix de l'échantillon de multiples est également sujet à débat et influe fortement sur les fourchettes de valeurs possibles. En outre, la compétition entre plusieurs acheteurs peut se traduire par des surenchères qui amènent le prix de la cible à un niveau très élevé et supérieur à la fourchette haute définie par les modèles d'évaluation. L'entreprise va alors devoir se poser la question de la légitimité de payer une prime « stratégique » ou une valeur d'option.

Il existe de nombreuses réponses à cette question majeure, car toutes les cibles ne se valent pas. Si certaines méritent probablement de payer cette prime, parce que les gains stratégiques sont considérables (et que la cible est de ce point de vue unique par les options qu'elle génère), d'autres en revanche ne justifient pas cette approche. Toute la question est de savoir séparer le bon grain de l'ivraie…

Deuxième étape : l'union (N)

Le temps N correspond à celui de l'union. C'est le temps de l'acte juridique de constitution de la fusion. Il correspond à la période couvrant la signature du projet de fusion, l'annonce officielle de la fusion et l'assemblée générale statuant sur celle-ci. Le rôle des actionnaires est ici important. Le management aura à gérer tout particulièrement cette dimension. C'est également le temps du choc informatif et chronologiquement l'étape la plus courte. Durant cette période, les entreprises commencent à mettre en œuvre l'ingénierie de coalescence.

Troisième étape : la vie de couple (N + 1)

Le processus d'OFA s'achève par la période N + 1, qui succède à l'union. C'est la période de la vie de couple. Elle couvre la mise en œuvre de l'opération et la constitution de la nouvelle entreprise et correspond à l'aboutissement de la coalescence (présentée plus en détail dans le chapitre consacré à l'intégration).

Fusionner implique cette troisième étape, « *extrêmement stratégique, dangereuse et longue, où il faut apprendre à gérer la nouvelle entreprise* ». Non ou mal gérée, cette phase impliquerait, selon les praticiens, l'échec du processus d'OFA. Or, c'est dans cette période que l'opération réussit ou échoue.

C'est également dans la période de vie de couple qu'intervient le plus souvent la validation définitive de l'opération par les autorités en charge de la concurrence (lorsqu'elle est requise). Or, dans la plupart des cas, une fois les premières formalités du mariage réalisées, les dirigeants préparent activement la création de la nouvelle entreprise sans avoir toujours obtenu le feu vert des pouvoirs publics.

Ainsi, des groupes de travail sont souvent organisés et les nouveaux organigrammes élaborés et communiqués avec la précaution juridique suivante : « sous réserve de la consultation des instances concernées ». On se situe déjà dans le temps de la « vie de couple », alors que l'OFA n'est toujours pas définitivement constituée sur le plan juridique. Les entreprises vivent dans un état de mariage alors qu'elles n'ont pas le droit de consommer !

Cette anticipation « audacieuse » se justifie le plus souvent par deux motifs. D'une part, les dirigeants ne veulent pas perdre de temps, d'autre part, « *les salariés sont dans un tel état de stress qu'on ne peut que passer au concret. Rester dans l'attente risquerait d'augmenter le turnover et la déstabilisation des RH* ». Le social influence ici l'économique...

Lorsque le refus des pouvoirs publics intervient, il faut alors « démonter » la société commune déjà mise en place (par exemple, la fusion interdite de Schneider et Legrand[106]). Cette opération s'avère techniquement et socialement délicate.

Par ailleurs, les entreprises doivent, pendant cette période N + 1, continuer :

– « *à se battre et à servir leurs clients tout en gérant une activité en soi, qui est la fusion* » ;
– « *Fusionner nécessite de gérer deux entreprises en parallèle, sinon nous risquerions de fusionner des boîtes vides.* »

L'enjeu managérial du temps N + 1 est donc primordial[107]. C'est là où l'entreprise va croître. Le terme allemand utilisé à cette étape du fusionnement de « *zusammenwachsen* » (littéralement, « grandir ensemble ») est très éloquent.

Une OFA concerne la globalité des deux entreprises. Mais c'est un peu un héritage sous bénéfice d'inventaire. Des activités et des filiales peuvent alors être vendues et ceci pour plusieurs raisons :

- elles n'apparaissent plus comme « stratégiques » dans le nouvel ensemble ;

- elles ont une valeur de cession qui permettra de solder une partie des dettes d'acquisition ;
- il s'agit de répondre aux injonctions des autorités en charge de la concurrence qui demandent au nouveau groupe de renoncer à des positions dominantes, par exemple Axa intégrant Winterthur cède ses filiales US[108].

Face à cette situation, les syndicats se montrent souvent assez pragmatiques : tout dépend du partenaire repreneur. Les partenaires sociaux demandent souvent un diagnostic sur la santé de l'entreprise (l'image de celle-ci joue un rôle considérable). Ils s'inquiètent particulièrement lorsqu'il s'agit d'un repreneur financier ou multinational.

Les paramètres de l'organisation du projet d'OFA : le syndrome de conquête

Les OFA sont des processus complexes et leur management est compliqué. La conduite du projet se fait dans un contexte très mobile, agité, contradictoire. Cela tient principalement à un facteur mentionné par de très nombreux praticiens : le syndrome de conquête, souvent perçu comme cause d'échec des OFA. Il s'articule autour de trois dimensions : l'accroissement du périmètre de gestion, l'esprit de conquête et la dynamique régalienne.

La dynamique d'accroissement de périmètre

L'OFA contribue toujours à élargir la dimension du champ de gestion : « *Effectifs, base de clients, nombre de sites sont le plus souvent multipliés au moins par deux, d'où un accroissement du périmètre géographique.* » Or, la taille a souvent été considérée (école d'Apton) comme un facteur contingent complexe. Elle génère en effet un nombre considérable de nouvelles problématiques.

Cette croissance de la taille émerge de façon quasi instantanée. L'immédiateté inhérente aux OFA va exercer une contrainte de célérité dans la gestion du projet :

— « *L'urgence devient permanente.* »

— « *Du jour au lendemain, tout est à reconsidérer, le monde n'est plus le même.* »

Le délai de réalisation de l'OFA se révèle donc comme un élément fortement complexificateur.

De plus, l'OFA génère de la nouveauté et fait émerger d'autres partenaires, avec plus d'intensité que le développement interne : « *L'importation de nouveaux clients, de nouveaux produits, de nouveaux salariés… La gestion nouvelle est plus délicate…* » La nouveauté est également une source de complexité[109].

De nombreux praticiens ont évoqué le développement international comme une autre altérité complexificatrice du pilotage du projet : « *Imaginez, il faut gérer à distance, dans des langues étrangères, des habitudes culturelles différentes, des lois, des organisations nouvelles, le tout avec un décalage horaire !* » Les distances culturelles créent de plus grandes difficultés de contrôle et d'intégration : « *Il y a autant de différences avec la nouvelle entreprise qu'entre deux nations. On est aussi perdu que dans nos développements en Chine, même si, ici, ce n'est que dans le Limousin !* »

Des modalités de croissance « conquérantes »

Lors des OFA, les analogies avec la conquête militaire sont fréquentes. On parle de raid, de combat, de vainqueurs, de vaincus[110], on change les drapeaux. Les chefs d'entreprise après OFA se serrent la main comme des chefs d'État… De la conquête se dégage une perception de violence : « *Les salariés ont le sentiment d'être violemment mis face à un diktat des dirigeants. On fusionne, voilà !* »

Ce sentiment affecte les salariés des deux parties. Les absorbants ont peur d'être « *dilués, malmenés, abandonnés* ». Les absorbés, eux, craignent d'être « *détruits, écrasés, vendus, méprisés* ». Même dans les fusions entre égaux, on retrouve ce verbatim guerrier et douloureux.

La fusion constitue sans conteste un événement à fort remaniement identificatoire. Les peurs retiennent l'individu dans l'action et dans la concrétisation et le succès de l'OFA.

Une dynamique régalienne

Comme nous l'avons déjà vu, le contrôle représente une notion centrale : « *Comme dans toute conquête, ce qui compte ce n'est pas le raid, c'est la réalisation effective de cette conquête. Il faut installer son pouvoir, devenir le vrai souverain de ce que l'on a acquis.* »

Cette dimension est spécifique aux OFA. Le droit le prévoit et les gestionnaires le justifient. Procéder à une OFA revient à réduire l'incertitude, à augmenter la prévisibilité des actions, à s'assurer que les comportements provenant des différentes parties de l'entreprise sont conformes aux objectifs communs.

Or, cela pose problème. En premier lieu, il est difficile de mettre du jour au lendemain « *sous contrôle des entreprises qui étaient autonomes* ». « *On met en place un contrôle, un lien de subordination que les acteurs ne veulent pas nécessairement.* »

En second lieu, les OFA vont jusqu'à générer des « méga-entreprises », dont la complexité rend le contrôle très délicat et donc l'OFA « hasardeuse ». Daimler Chrysler, pour ne citer qu'elle, en constituent un parfait exemple. Cela n'est pas sans poser de nombreux problèmes et implique un management spécifique dédié au contrôle, qui est, rappelons-le, consubstantiel de l'OFA. Cette problématique revêt une acuité de plus en plus vive, le droit et les autorités financières imposant un véritable contrôle des informations et des données de gestion de l'entreprise, au risque de sanctions juridiques. Les derniers développements juridiques, comme ceux liés à la loi américaine Sarbanes-Oxley, renforcent cette dynamique.

Dans le cadre des méga-entreprises, cela est loin d'être aisé, tant pour des raisons techniques (effet de taille, diversité des systèmes internes et des lois) que des logiques de pouvoirs internes. Les gestions d'OFA renvoient alors au délicat dilemme de centralisation/décentralisation, d'autonomie, de subsidiarité et de contrôle… Faire l'économie de ce type d'interrogation nous semble de plus en plus périlleux. Le management d'une OFA renvoie donc désormais à la gouvernance et à la dirigeance de très grandes entreprises internationales.

Par ailleurs, soulignons un autre effet de la dynamique régalienne : l'émergence de contre-pouvoirs, qui vont limiter le contôle requis pour qu'une OFA soit réussie :

— « *Acquérir un nouveau territoire, l'absorber et le contrôler conferent une telle puissance que les autres acteurs ne peuvent rester neutres.* »
— « *Toute conquête implique une réaction des voisins ou de l'autorité supérieure.* »

L'intervention des autorités de régulation de la concurrence va donc lui aussi impacter et complexifier le management des projets de fusions en impliquant l'intervention de ces acteurs supplémentaires.

Pour conclure, la réalisation des OFA implique une organisation très structurée de projet, mobilisant de nombreux savoir-faire et techniques. Le dysfonctionnement du management de ce projet peut être redoutable pour l'OFA. Les erreurs de conduite sont d'autant plus nombreuses que le projet d'OFA se réalise toujours dans un contexte caractérisé par le syndrome complexe et déstabilisant de conquête.

Chapitre 5

Les paramètres financiers

La gestion d'une OFA doit permettre d'éviter un certain nombre d'écueils dus aux contraintes fixées par les actionnaires et aux attentes des marchés financiers.

Nous présenterons dans ce chapitre les postures et les attentes des actionnaires et de la communauté financière ainsi que le rôle des banques d'affaires, dont l'importance ne peut être sous-estimée.

Nous approfondirons également dans la dernière partie de ce chapitre la sempiternelle question de la création de valeur associée aux fusions-acquisitions.

Le rôle des actionnaires dans les OFA

Sous le terme « actionnaire » se cachent des réalités multiples. Les actionnaires majoritaires (ou actionnaires de référence), les actionnaires minoritaires ou les actionnaires institutionnels ne poursuivent pas forcément les mêmes buts.

Les premiers nomment les administrateurs, exercent un contrôle direct sur les dirigeants et peuvent, selon l'expression académique consacrée, tirer des « bénéfices privés » du fait de cette position privilégiée.

En revanche, les actionnaires minoritaires ne disposent que d'un nombre limité de droits de vote et ne sont pas directement représentés au conseil d'administration (même s'il est censé représenter l'ensemble des actionnaires). Les minoritaires peuvent également exprimer (ou essayer d'exprimer…) leur point de vue en assemblée générale. Ces dernières années, les actionnaires en tant que groupe constitué ont accru significativement le rapport de force en leur faveur et constituent des acteurs incontournables des OFA.

Un rôle décisionnel à prendre en compte

Des acteurs incontournables

Qu'on ne s'y trompe pas, une OFA est une affaire d'actionnaires. Certes, les *stakeholders* (salariés, politiques, etc.) peuvent intervenir dans un projet de fusion et parfois réussir à en modifier les termes. Pour autant, les actionnaires demeurent des acteurs incontournables, car ils sont propriétaires de l'entreprise et, *in fine*, valident l'opération : « *La prise en compte des attentes des actionnaires est vitale pour le projet de fusion. Sans eux, le projet ne verra pas le jour. Dans des cas de plus en plus nombreux, les actionnaires interviennent dans le suivi des atteintes des objectifs des fusions, voire sur les modalités de réalisation.* »

Certes, on ne saurait nier les conflits entre les différentes catégories d'actionnaires (minoritaires, majoritaires, actionnaires-dirigeants, etc.). Mais, contrairement aux autres *stakeholders*, la coalition des actionnaires s'unit largement autour d'un même objectif : maximiser la valeur de l'action. Comparativement aux autres *stakeholders*, cela confère un avantage important aux actionnaires.

Le *Financial Times* du 21 mars 2007 a repris les propos d'analystes financiers expliquant que le **rapprochement entre Barclays et ABN AMRO** restait hypothétique, même si les directions des deux banques étaient entrées dans des négociations exclusives en vue d'une fusion. En effet, selon les analystes, Citigroup ou Royal Bank of Scotland pouvaient offrir un prix plus élevé pour ABN AMRO et donc proposer une alternative plus intéressante pour ses actionnaires. L'histoire a donné raison à ces analystes financiers, car ABN AMRO n'a pas fusionné avec Barclays, mais a finalement été acquise par un consortium regroupant Royal Bank of Scotland, Fortis et Santander.

Le retour des actionnaires

Le « poids » relatif des actionnaires s'est considérablement renforcé durant les années 1990, même si l'importance de la fonction finance ne constitue pas à proprement parler une nouveauté dans l'entreprise[111]. Ce nouveau rapport de force s'explique notamment par quatre facteurs.

Ainsi, la globalisation financière et la déréglementation des marchés de capitaux ont facilité le financement des OFA en mettant à disposition des entreprises des fonds quasi illimités. Désormais, le financement n'est plus une ressource rare, ce qui constitue un changement majeur.

Par ailleurs, les vagues successives de privatisations ont ouvert le capital des grandes entreprises à des fonds de pension ou à d'autres investisseurs institutionnels qui ont imposé de nouvelles normes de rentabilité du capital engagé. Plus largement, la diffusion par les grands actionnaires internationaux d'une culture capitaliste anglo-saxonne a développé la primauté de l'actionnaire.

En outre, l'implication et l'engagement médiatique de fonds d'investissement aux pratiques « pro-activistes » ont renforcé cette présence actionnariale.

Le **fonds d'investissement américain Knight Vinke** a mené une intense campagne médiatique en 2006 visant à démontrer que les conditions de la fusion entre GDF et le groupe d'énergie et d'environnement Suez devaient être revues. Knight Vinke n'était pourtant actionnaire qu'à hauteur de 1 % du capital de Suez[112].

Enfin, les associations de défense des actionnaires minoritaires (ADAM, etc.) ou les cabinets spécialisés (Proxinvest, Deminor, etc.) sont venus renforcer la diffusion de cette culture. Ces associations ou cabinets sont très actifs et exercent aujourd'hui un réel pouvoir, n'hésitant pas à contester devant les tribunaux les opérations financières ne respectant pas suffisamment l'intérêt des actionnaires. L'ADAM a ainsi obtenu des conditions plus favorables pour les actionnaires minoritaires de Havas dans le cadre de son absorption par la Compagnie générale des eaux.

Face à ces acteurs et à leur montée en puissance, les entreprises se montrent plus attentives aux intérêts des actionnaires et ont redéfini le contenu des chantiers des managers. Les attentes des *shareholders* sont indiscutablement devenues une priorité.

Les attentes des actionnaires

Premier objectif : la création de valeur actionnariale

D'une manière générale, créer de la valeur signifie accroître la richesse générée à partir d'un montant de ressources engagées (capital humain, matières premières, etc.). Évaluer la création de valeur économique au sens large présente de réelles difficultés méthodologiques. Par opposition, évaluer la création de valeur actionnariale s'avère très simple et dépend du seul accroissement de la valeur de l'action.

Une OFA qui créerait de la valeur économique au sens large sans se traduire par un cours de Bourse plus élevé ne présenterait que peu d'intérêt pour les actionnaires. Ce serait le cas d'une OFA où la valeur créée (sous la forme de synergies) serait captée par les seuls salariés, les fournisseurs ou les clients.

© Groupe Eyrolles

Contrairement aux *stakeholders*, dont les critères d'appréciation sont nombreux et les intérêts pas toujours convergents, les actionnaires évaluent une opération financière à partir du seul critère de la valeur actionnariale. Cela confère à ces derniers un avantage indiscutable, car ils disposent en permanence d'un repère unique pour mesurer l'intérêt d'une OFA.

Certes, il est difficile de penser que l'accroissement de valeur pour les actionnaires peut se faire durablement au détriment des autres acteurs et partenaires de l'entreprise. Mais dans les OFA, l'horizon de décision est souvent très court… L'intérêt immédiat des actionnaires est de ce point de vue une contrainte forte – sachant cependant que le cours de Bourse est censé intégrer le long terme par la prise en compte d'une estimation des futurs cash-flows.

Dès lors, l'équation est simple : soit la communauté financière est convaincue que l'OFA maximise le potentiel de valeur actionnariale, soit l'opération sera contestée et ne pourra vraisemblablement se réaliser en l'état. Si les actionnaires de la cible considèrent l'OFA comme inéquitable et non respectueuse de leur intérêt patrimonial, l'initiateur devra relever son offre. De la même manière, si les actionnaires de l'initiatrice se sentent lésés du fait d'une offre jugée trop généreuse, il n'est pas exclu que des pressions tendent à forcer la main des dirigeants pour qu'ils tempèrent leurs ardeurs, car il ne saurait être question que toute la création de valeur soit captée par les actionnaires de la cible.

Des différences marquées entre l'Europe et les États-Unis

D'un point de vue sociopolitique, l'approche selon laquelle la création de valeur actionnariale reste la priorité des entreprises est probablement plus acceptable aux États-Unis que dans d'autres pays. Les classes moyennes américaines ont en effet investi une partie importante de leur patrimoine en actions (notamment pour financer les retraites).

Pour simplifier, inciter les dirigeants américains à privilégier la valeur des actions serait compatible avec l'idée d'accroître le patrimoine des ménages américains et constituerait donc un objectif politiquement acceptable. Cela bien entendu dans certaines limites, car, comme nous l'avons indiqué précédemment, même au pays de la libre entreprise, il ne saurait être question de laisser les actionnaires et les dirigeants prendre seuls toutes les décisions (notamment celles concernant la sécurité des États-Unis au sens large).

La situation institutionnelle américaine ne se transpose cependant pas aisément. Dans de nombreux pays européens, les ménages disposent de créances sur l'État, sur la collectivité (retraite par répartition) et ont également massivement investi dans l'immobilier.

Pour les classes moyennes européennes, la croissance des valeurs boursières n'exerce qu'un impact marginal sur la valeur de son patrimoine. Dit autrement et de manière simplifiée, entre perdre son emploi suite à une OFA ou voir le cours de l'action de son entreprise s'accroître significativement, la plupart des salariés européens ont une idée précise du choix à faire…

C'est de cette ambiguïté fondamentale que naît une ligne de fragmentation marquée entre les États-Unis et de nombreux pays. Les OFA sont socialement plus acceptables en Amérique parce que, globalement, plus en phase avec l'intérêt patrimonial des classes moyennes et supérieures américaines.

Bien sûr, d'autres facteurs peuvent expliquer cette différence de conception entre l'Europe et les États-Unis. Le « politique » n'y remplit en effet pas les mêmes fonctions. L'Amérique est un grand pays (continent) largement décentralisé dans lequel les représentants des salariés ont historiquement eu du mal à s'organiser pour des raisons multiples tenant à la taille du pays, à la diversité des communautés de populations et à l'absence d'un pouvoir central fort. Par opposition, depuis la fin du premier conflit mondial, les sociales démocraties européennes ont intégré à des degrés divers les salariés dans le modèle de gouvernance globale. L'acceptation sociale des OFA s'en trouve profondément affectée.

Les facteurs de création de valeur actionnariale

Certes, la création de valeur actionnariale ne peut être générée sans création de valeur économique. Pour autant, comme nous le montrons, la création de valeur actionnariale est une préoccupation permanente des entreprises.

La recherche scientifique en finance identifie plusieurs facteurs qui influencent structurellement la création de valeur actionnariale. Ils sont présentés ci-après.

Le caractère hostile de l'offre

Dans le cas d'une offre hostile, les actionnaires de la cible deviennent souvent les grands bénéficiaires. Par opposition, le cours de Bourse de la société initiatrice est souvent négativement impacté. On comprend qu'une offre hostile ne va réussir que si la prime payée par l'initiatrice est importante. Pour inciter les actionnaires à accepter une offre (non soutenue par la direction de l'entreprise), l'initiatrice doit en effet faire une proposition très alléchante… Le transfert de valeurs en faveur des actionnaires de la cible serait donc important.

La présence de dirigeants actionnaires

Quand les dirigeants de l'initiatrice sont également actionnaires, l'impact sur le cours de Bourse est positif. La communauté financière considère que les dirigeants-actionnaires se montrent plus attentifs aux rachats de cibles rentables et créatrices de valeur, car ils engagent leurs propres patrimoines. Notons d'ailleurs que les financiers considèrent – et ils n'ont sûrement pas tort – qu'on est beaucoup plus attentif à son argent qu'à celui des autres.

Le cash comme moyen de paiement

Comme nous l'avons vu, la cible peut être acquise en payant en cash (ou en dette), en titres (en actions) ou par un financement mixte (cash + titres). Selon les travaux de recherche académique, les actionnaires de l'initiatrice bénéficient d'un paiement en cash de la cible[113]. L'idée est la suivante. Si les dirigeants de l'initiatrice ont réellement confiance dans le projet d'acquisition, ils ont intérêt à payer en cash afin de ne pas partager les synergies futures (celles non intégrées aujourd'hui dans le cours de Bourse). En effet, s'ils sont payés en titres, les actionnaires de la cible bénéficieront également des résultats du nouveau groupe post-acquisition, puisqu'ils en seront actionnaires. En outre, le paiement en cash impose une contrainte d'endettement nouvelle pour les dirigeants. Il signale donc une confiance plus grande des dirigeants dans les perspectives bénéficiaires futures (qui permettront *de facto* de rembourser la dette d'acquisition).

Au fond, si la cible est payée en titres, la communauté financière se demande si les dirigeants de l'initiatrice ne profitent pas d'une période de surévaluation du cours de Bourse pour procéder à une acquisition, ce qui serait alors une mauvaise nouvelle en termes de création de valeur future.

Si la Bourse est « euphorique » – comme ce fut le cas à la fin des années 1990 –, l'entreprise aura tendance à payer en titres et pourra ainsi recourir à une monnaie « surévaluée » pour procéder à l'acquisition. *A contrario*, payer en cash une cible surévaluée en période de bulle spéculative peut engendrer une très importante destruction de valeurs alors que dans les mêmes circonstances, un paiement en titres (également surévalués) limite les risques. Contrairement aux fonds propres, la dette impose un remboursement immédiat des intérêts et fait peser une contrainte de liquidités nouvelles sur l'entreprise.

À la fin des années 1990, **France Télécom** a payé au plus haut de la bulle spéculative et en cash une partie de ses acquisitions (Orange, Mobilcom, etc.). Lorsque la chute des cours de Bourse des sociétés du secteur des télécommunications s'est amorcée, France Télécom s'est retrouvée dans une situation financière délicate, car il n'a alors plus été possible de vendre des actifs pour rembourser cette dette d'acquisition.

Le cadre légal et institutionnel favorable aux actionnaires minoritaires
Selon une étude récente[114], le cadre institutionnel et légal[115] est considéré comme exerçant une influence majeure sur la valorisation

des OFA. Ainsi, plus le cadre légal et institutionnel est favorable aux actionnaires minoritaires, plus les primes d'acquisition sont élevées et le recours au paiement par titres fréquent.

La petite taille de la cible

L'acquisition de firmes de petite taille génère des gains plus importants que l'acquisition de firmes de grande taille[116]. Cette conclusion se vérifie d'ailleurs que la cible soit cotée ou non.

La présence d'une importante trésorerie

Selon la théorie du « *free cash flow* »[117], les entreprises disposant de liquidités importantes sont tentées d'utiliser ce cash pour investir dans des projets qui ne maximisent pas la création de valeur actionnariale. Concrètement, cela voudrait dire que ces entreprises acceptent de payer des primes non justifiées ou prennent des risques inconsidérés en matière d'acquisitions, car elles veulent utiliser ce cash coûte que coûte plutôt que de le rendre aux actionnaires.

Le degré de diversification de la firme

Pour les actionnaires et la communauté financière, les entreprises doivent concentrer leurs moyens et se spécialiser afin d'être plus performantes et de limiter au maximum les coûts de coordination et de gestion. La théorie financière considère que la firme qui se diversifie mène une politique contraire à l'intérêt des actionnaires. Dit autrement, c'est l'actionnaire qui doit se diversifier et non les entreprises.

Les travaux de recherche réalisés tendent à confirmer cette analyse. Selon la littérature financière, les OFA conduisant à accroître la diversification des entreprises ont un impact négatif sur la création de valeur actionnariale comparé à celui des autres opérations[118].

La localisation de l'opération

Selon la littérature financière[119], les OFA transnationales créent moins de valeur que celles réalisées entre entreprises d'un même pays. Il n'est pas improbable que la communauté financière considère comme plus risqués les projets réalisés entre entreprises de différents pays, dans des contextes culturels hétérogènes. La « captation » de synergies y est sans doute plus compliquée.

Second objectif : la préservation du contrôle

Lors d'une OFA, les actionnaires se soucient également de la préservation de leurs « *droits de gouvernance* ». Si les actionnaires de l'initiatrice ne souhaitent pas être trop fortement dilués, la cible ne pourra être acquise en recourant à un apport de titres ou à une fusion-absorption. Le paiement en cash ou par le biais d'une offre mixte (titres et cash) constituera les seules alternatives possibles.

Pour financer des OFA, les firmes de grande taille, disposant d'un actionnariat ouvert, n'hésitent pas à émettre des titres et à diluer les anciens actionnaires, qui pour la plupart disposent d'un pourcentage de capital limité.

En revanche, les sociétés familiales qui privilégient le fait de garder le contrôle sont dans l'obligation de payer en cash, ce qui ralentit fortement leur capacité à procéder à des acquisitions et à se développer par croissance externe. En contrepartie, cela les rend peut-être plus exigeantes en matière de fusions-acquisitions et les incite *a posteriori* à un maximum d'efficacité dans la détection et l'intégration de cibles.

Le rôle de la communauté financière

Au-delà des actionnaires, la communauté financière est composée principalement des analystes financiers et des banques d'affaires. Elle joue un rôle majeur dans les OFA et influence les chantiers des managers.

Les analystes financiers

Un rôle essentiel

Les analystes financiers sont des acteurs majeurs qui orientent de fait les décisions des dirigeants[120] et contribuent à construire l'image de la nouvelle entreprise : « *Les analystes influencent nos comportements de dirigeant. Ne pas les prendre en compte est une véritable erreur stratégique. Nous sommes très soucieux de leur réaction* », reconnaît le président d'un groupe industriel, qui poursuit : « *En faisant des commentaires, des analyses positives ou négatives sur un projet de fusion, ils peuvent faire stopper net l'intention de fusion. Nos collaborateurs doivent souvent nous fournir tous les éléments techniques pour convaincre et rassurer les analystes.* »

Les analystes financiers ont, parmi leurs missions, celles de porter un jugement sur les projets d'OFA. Ils estiment les complémentarités « métiers » ou géographique et valident le fait que l'OFA permet ou non de réaliser des économies substantielles. C'est à partir de leur diagnostic que les gérants de portefeuille et les investisseurs accepteront de détenir des actions de la nouvelle entreprise. Il est donc impératif pour les dirigeants de « vendre » l'OFA à la communauté financière et de montrer qu'elle crée de la valeur actionnariale.

Les critères d'évaluation des analystes financiers

Les analystes fondent leur diagnostic sur un ensemble de critères. En voici trois en particulier, cités le plus souvent par les praticiens.

Des ratios financiers et des comptes maîtrisés

Pour la communauté des analystes financiers, une OFA doit se traduire par l'amélioration des ratios financiers et de la performance comptable apparente, ou, tout au moins, par une non-dégradation des performances.

L'endettement et la capacité à dégager du cash constituent des informations importantes. La rentabilité du capital engagé (le fameux ROCE ou « *Return On Capital Employed* ») ou l'accroissement du bénéfice net par action feront également l'objet d'une attention particulière de la part des analystes.

Pour le monde académique, l'amélioration du bénéfice par action ne permet pas de porter un jugement sur la pertinence d'une opération financière. Pourtant, ce critère est souvent considéré comme majeur par les analystes. Pourquoi ce divorce entre la pratique et le concept ? La réponse tient peut-être au fait qu'un critère, même déficient, qui est suivi par tous, devient une norme incontournable.

Notons que ces ratios et autres mesures de la performance financière s'avèrent toujours relativement délicats à interpréter. Si les concepts financiers sont précis et plutôt simples sur un plan conceptuel, les mesures que l'on peut en faire se révèlent très imparfaites. Ainsi, pour créer de la valeur, la rentabilité du capital engagé doit être supérieure au coût du capital. Certes, mais de quel capital engagé s'agit-il ? Doit-on considérer une valeur comptable de capital ou une valeur de marché ? Si oui, laquelle ? Comment la définir ? Quelle prime de risque prendre en compte dans le calcul du coût du capital ? Comment mesurer sans erreur les autres facteurs de risque comme le bêta de l'action ? Les financiers savent parfaitement qu'il existe une marge de manœuvre importante dans la capacité à « gérer » la production des mesures de performance. C'est d'ailleurs pourquoi les autorités de marché incitent les entreprises à donner le plus de détails possible sur la manière dont elles définissent la création de valeur[121].

Les analystes financiers connaissent les marges de manœuvre dont disposent les entreprises pour améliorer la présentation d'une OFA. Il ne s'agit donc pas forcément là d'un jeu de dupes… Disons peut-être un peu cyniquement qu'une direction d'entreprise qui ne serait pas en mesure, *a minima*, de présenter des comptes acceptables compte tenu des marges de manœuvre dont elle dispose, serait *de facto* considérée comme peu crédible.

Le recentrage sur le *core business* ou une plus grande lisibilité de l'entreprise

La communauté financière désapprouve souvent le fait que les entreprises diversifient leurs activités car elle juge ce choix coûteux pour les actionnaires. Dans la logique anglo-saxonne, la performance constitue le fruit de la spécialisation. Se spécialiser revient en effet à concentrer ses ressources sur un objectif unique et à limiter les risques d'échec. C'est éviter qu'une « armée » de cadres et de dirigeants se « batte » en interne pour s'approprier les ressources du groupe.

Comme nous l'avons dit plus haut, se recentrer sur le *core business* équivaut à permettre à l'actionnaire de diversifier lui-même son portefeuille en choisissant les actions d'entreprises spécialisées. Cela permet également de faciliter la compréhension et la comparabilité des comptes de l'entreprise avec ses concurrents et aux analystes de porter un jugement sur l'efficacité de la stratégie suivie.

Ce recentrage constitue une clé de lecture importante pour comprendre les mouvements stratégiques survenus depuis deux décennies. Les firmes diversifiées se trouvent pénalisées et doivent souvent assumer généralement une décote boursière face aux *pure players* (appelée « décote de holding »).

Les entreprises qui veulent maintenir un niveau élevé de diversification ont alors deux alternatives.

- Être au moins aussi rentables, voire davantage que les concurrents : si la firme est une « poule aux œufs d'or », alors peu importe qu'elle se conforme à la règle. General Electric est une firme diversifiée, mais présente également un niveau de performance élevé. Au fond, quand tout va bien, la communauté financière ne veut pas savoir pourquoi… En revanche, quand la performance se dégrade, les dirigeants doivent s'expliquer.

- « Vendre » à la communauté financière la cohérence d'un ensemble opérant dans des secteurs *a priori* disjoints : c'est ainsi que certaines entreprises ont réussi à faire accepter par la communauté financière l'idée qu'il existe des synergies qui transcendent les secteurs (LVMH se présente comme le « leader mondial du luxe »). Ce pari s'avère bien sûr risqué et précaire, car les marchés n'ont de cesse de « challenger » ce choix de la diversification et de remettre en cause son bien-fondé. De ce point de vue, une opération de fusion-acquisition constitue un moment particulier où cible et initiatrice sont analysées en détail. La cohérence du modèle économique des

entreprises est l'objet de toutes les attentions et certains actionnaires ou analystes n'hésitent pas à remettre en cause la pertinence
des choix des directions.

Notons enfin que ce recentrage sur le *core business* conduit à des
transferts de risques en faveur des actionnaires, fragilisant notamment les salariés dont l'emploi ne dépend plus que des résultats d'un
seul métier.

Une équipe de direction crédible

C'est là un point essentiel. Dans une OFA, la confiance des actionnaires ne pourra être accordée qu'aux équipes de direction que l'on
estime en mesure de tenir les promesses faites. La crédibilité du discours dépend de celui qui le tient… Ainsi, les équipes ayant déjà
procédé à des OFA seront plus crédibles et bénéficieront d'un *a
priori* favorable.

> Quand Carlos Ghosn a été nommé directeur général de **Nissan**, il a
> publiquement déclaré qu'il démissionnerait s'il ne redressait pas le cons-
> tructeur automobile japonais. Cette déclaration a eu un énorme écho
> auprès de la communauté financière, peu habituée à un tel engagement
> personnel d'un dirigeant. Nul doute qu'à partir de cette déclaration, la
> crédibilité de Carlos Ghosn s'est trouvée renforcée ainsi que sa capacité
> à mener à bien les restructurations et autres cessions d'actifs nécessaires
> à la survie de Nissan[122].

A contrario, la communauté financière jugera peu crédibles les managers sans expérience en fusions-acquisitions ou n'ayant pas réussi par
le passé à créer de la valeur pour les actionnaires.

Le rôle des banques d'affaires

Les banques d'affaires ne sont pas systématiquement sollicitées par les
entreprises dans les OFA. Quand les cibles sont de petite taille et que
l'entreprise dispose d'une certaine pratique et expertise, il est fréquent
de se passer d'une banque d'affaires. En revanche, dès que la cible est
cotée en Bourse ou que sa taille est significative, le recours à une

banque d'affaires devient quasiment incontournable, l'opération nécessitant alors un niveau de technicité important et mobilisant un montant élevé de capitaux. L'entreprise redoute les conséquences d'un échec et recourt donc aux conseils d'une banque d'affaires.

L'un de nos interviewés nous a confié : « *Les banques d'affaires occupent un rôle central dans les OFA, les dirigeants et les managers doivent le savoir. Ils auront besoin d'elles, voire elles s'imposeront à eux.* »

Comme nous allons le voir, les banques d'affaires interviennent en amont et pendant l'opération, mais exercent également une influence profonde sur les directions d'entreprises.

Tableau 2 - Classement des banques d'affaires dans le monde

	OFA annoncées dans le monde			
	Montant	Rang 2006	Nombre	Rang 2005
Goldman Sachs & Co.	1 087 858	1	438	1
Citigroup	1 034 219	2	417	5
Morgan Stanley	975 020	3	399	2
JPMorgan	889 775	4	437	3
Merrill Lynch	747 490	5	320	4
Credit Suisse	701 911	6	379	10
UBS	656 590	7	414	6
Lehman Brothers	586 640	8	225	7
Deutsche Bank AG	515 844	9	236	9
Lazard	372 697	10	236	8
Rothschild	334 873	11	355	11
BNP Paribas SA	303 363	12	134	14
HSBC Holdings plc	247 917	13	87	17
Bank of America Securities LLC	233 796	14	121	13
Evercore Partners	197 234	15	32	19
ABN AMRO	187 574	16	158	16
Bear Stearns & Co.	151 267	17	57	12
Société Générale	122 533	18	41	34
Macquarie Bank	119 826	19	114	31

…/…

	OFA annoncées dans le monde			
	Montant	Rang 2006	Nombre	Rang 2005
Houlihan Lokey Howard & Zukin	118 025	20	154	24
Calyon	116 913	21	36	20
Wachovia Corp.	109 022	22	59	26
Blackstone Group LP	106 414	23	26	21
Santander Investment SA	94 096	24	35	64
Greenhill & Co Llc	90 162	25	42	36

Source : Thomson Financial - http://www.lesechos.fr/medias/2007/0103//300127295.pdf

Une expertise technique

Les grandes banques d'affaires sont implantées au niveau international et offrent une couverture mondiale du marché des OFA. Elles peuvent détecter des cibles potentielles et les proposer aux entreprises avec l'espoir que ces dernières leur confieront un mandat si l'OFA venait à être lancée.

Les banques d'affaires travaillent soit pour le vendeur (la cible), soit pour l'acheteur (l'initiateur). Elles remplissent un grand nombre de fonctions techniques et aident les directions des entreprises en évaluant les cibles potentielles, en conseillant le meilleur cadre juridique possible, en optimisant les conditions de la négociation ou en choisissant le bon calendrier pour le lancement de l'opération (quand les conditions de marché sont les plus favorables).

Les banques sont également capables de vendre à des gestionnaires de fonds ou à des investisseurs des grandes quantités d'actions ou de dettes émises pour financer ou refinancer une OFA. Elles disposent dans leurs salles des marchés d'équipes de commerciaux (« *sales* ») dédiées.

Une mobilisation de réseaux de décideurs

Mais les banques d'affaires ne sont pas seulement des « techniciens », capables d'apporter une expertise. De nombreux acteurs (cabinets de conseil, cabinets d'expertise en *corporate finance*, etc.) disposent également d'une expertise financière comparable – à l'exception notable de la vente de titres, dont les banques ont la maîtrise.

« La véritable force des banques d'affaires vient du fait qu'elles savent mobiliser si nécessaire leur réseau de décideurs publics et privés pour aider l'entreprise cliente. » Bien plus que des conseils, les banques d'affaires sont donc des « facilitateurs » de par leur capacité à mobiliser des réseaux de pouvoir. Comme le ferait un cabinet de lobbying, elles essaient d'influencer les *stakeholders* dans un sens favorable au succès de l'opération en cours.

C'est d'ailleurs pourquoi les entreprises sont tentées lors du lancement d'offres hostiles ou particulièrement complexes sur un plan politique de s'entourer du plus grand nombre de banques d'affaires afin de mettre le maximum d'atouts de leur côté. Généralement, les entreprises choisissent de travailler avec des banques nationales et internationales parce que les réseaux mobilisés sont souvent complémentaires.

Le rôle de « porteur d'affaires »

Les banques d'affaires exercent une influence considérable grâce aux opérations de « marketing » qu'elles mènent en permanence auprès des entreprises. Lors des présentations (appelées « *pitch* ») faites auprès des directions d'entreprises, les banques expliquent tout l'intérêt d'acquérir un concurrent ou de fusionner avec un autre. Elles « vendent » en permanence à leurs clients une culture de la création de la valeur actionnariale et sont des promoteurs zélés et actifs du développement des fusions-acquisitions.

Rien d'étonnant à cela : les banques d'affaires comptent en effet parmi les grands gagnants de la financiarisation des entreprises. En sortant de leur métier traditionnel de prêteurs, avec des marges faibles et des produits banalisés, les banques d'affaires ont créé les conditions pour accroître de manière significative leurs revenus. Elles sont en effet rémunérées par les commissions prélevées sur les OFA, exprimées en pourcentage du montant de l'opération (de manière indicative entre 1 et 5 % du montant de la transaction).

Pour des méga fusions-acquisitions, où la valeur des entreprises excède plusieurs dizaines de milliards d'euros, les commissions perçues sont alors exprimées en dizaines de millions d'euros. En termes de revenu, le marché des fusions-acquisitions est ainsi devenu majeur pour les grandes banques, qui n'hésitent pas pour obtenir des mandats à engager leur bilan, c'est-à-dire à financer directement une partie de la transaction quand l'entreprise initiatrice a besoin de lever la dette.

Les fusions créent-elles de la valeur ?

À qui profitent les OFA ? Cette interrogation constitue une question complexe, mais récurrente. Rares sont les managers pouvant y échapper : salariés, clients, partenaires sociaux sauront leur rappeler cette question. Nous avons souhaité leur apporter ici quelques éléments de réponse.

Des problèmes méthodologiques

Répondre pleinement à la question de la création de valeur associée aux OFA représente une tâche difficile. Il faudrait pouvoir évaluer précisément les impacts des OFA sur les différents acteurs impliqués, qu'ils soient actionnaires, créanciers, salariés, clients, etc., sachant en outre que ces acteurs ne partagent pas les mêmes attentes.

Mesurer la création de valeur au sens large supposerait également de pouvoir comparer deux scénarios : celui d'OFA et celui de l'absence d'OFA, ce qui n'est naturellement pas possible du fait de la complexité du processus et parce que l'opération change irrémédiablement la nature des firmes engagées.

Au-delà de ces problèmes méthodologiques, les praticiens considèrent qu'une politique fondée sur les fusions-acquisitions a réussi quand un groupe est capable de générer de la croissance et de la valeur ajoutée pour l'ensemble de ses *stakeholders* (salariés, actionnaires, etc.).

Pour certains experts[123], une opération de fusion-acquisition peut être qualifiée de succès si trois conditions sont remplies :

- l'OFA repose sur une vraie stratégie ;
- l'acquéreur ne surpaye pas la cible ;
- les équipes de la cible et celles de l'acquéreur sont rapidement intégrées.

Les OFA créent de la valeur actionnariale

Comme nous l'avons dit précédemment, il n'est pas facile d'évaluer l'ensemble des impacts induits par les OFA. Des travaux de recherche en économie ont étudié les conséquences des fusions sur les structures de prix d'un secteur ou son niveau d'efficience économique (apparition d'économies d'échelle, profits sectoriels plus importants, etc.). Les conclusions de ces études sont pour le moins ambiguës mais n'identifient pas de changements majeurs[124].

Si la création de valeur au sens large est difficile à estimer, il est en revanche possible de mesurer la création de valeur instantanée dont bénéficient les actionnaires à travers l'accroissement du cours de Bourse de la société cible ou initiatrice lors de l'annonce d'une opération. Cela nécessite que l'initiatrice et la cible soient cotées en Bourse, ce qui exclut de l'analyse de nombreuses entreprises de taille petite ou moyenne qui, pour la plupart, ne sont pas cotées, mais font pourtant l'objet de rachats par de grands groupes[125].

Par ailleurs, cette approche présente des limites car elle n'est pas applicable sur une période de temps longue. En effet, la cible ayant été intégrée à un nouvel ensemble, il devient impossible d'étudier sa performance.

De nombreux travaux de recherche en finance se sont ainsi intéressés à la question de la création de valeur actionnariale instantanée générée par les OFA[126]. Selon l'une des principales conclusions de ces travaux, les fusions créent massivement de la valeur pour les actionnaires des sociétés cibles et ont en moyenne peu d'impact sur le cours de Bourse des sociétés initiatrices[127].

Si l'on prend en compte l'impact des OFA pour les actionnaires des sociétés cibles et initiatrices, nous pouvons conclure que les OFA créent en moyenne de la valeur actionnariale[128]. Ces conclusions sont valides pour les États-Unis et l'Europe, quelles que soient les périodes étudiées.

L'image négative des OFA

Les conclusions précédentes sur la création de valeur actionnariale ne sont pas en phase avec ce que l'on peut lire dans la presse économique ou dans certaines études publiées par des cabinets de conseils. Ainsi, Selon F. Ceddaha[129], les grands cabinets de conseils en stratégie (Bain, BCG, McKinsey, etc.) concluent sur l'échec de 50 à 85 % des opérations de rapprochement qui ne permettraient pas d'atteindre les objectifs annoncés. De la même manière, les médias véhiculent globalement la même image négative des OFA.

Cette différence de points de vue s'explique probablement par des méthodologies qui, au fond, ne sont pas réconciliables. Les travaux de recherche en finance mesurent la seule création de valeur actionnariale instantanée, considèrent un nombre important d'opérations et apportent une vision statistique.

Les médias se concentrent sur des cas emblématiques qui, dans le court terme, sont perçus par les corps sociaux comme destructeurs de sens. Ce qui est considéré comme un succès d'un point de vue stratégique est souvent vu comme un échec d'un point de vue humain. Les réductions de coûts sont souvent réalisées au détriment des salariés. La fusion conduit également à la mise en concurrence des salariés. Comme nous le verrons plus loin, une OFA constitue un moment de crise majeure et génère un stress important. Il n'est donc pas étonnant qu'un grand nombre d'observateurs « sur-réagissent » et soient d'emblée très critiques avec les conséquences immédiates des OFA.

Pourtant, de grands groupes comme Total, Lafarge, Saint-Gobain et bien d'autres sont incontestablement le produit d'OFA réussies. Un groupe comme Schneider s'est constitué par des OFA (Télémécanique, Square D, etc.) et est aujourd'hui devenu un leader mondial. Que serait ce groupe aujourd'hui sans ces OFA ? Sans vouloir refaire l'histoire, il est fort probable que ce groupe n'existerait plus et aurait été acheté par une autre entreprise…

Chapitre 6

La dimension juridique

Le droit impose un cadre majeur à l'action managériale. Le législateur a en effet depuis assez longtemps encadré de façon précise et contraignante les OFA.

Cette dimension des OFA revêt une grande importance. Le respect des contraintes d'ordre juridique constitue un préalable à l'opérationnalité des fusions. De nombreuses fusions ont échoué ou n'ont tout simplement pas pu voir le jour parce que les dirigeants et managers n'avaient pas maîtrisé ces chantiers. À ce titre, le recours à des spécialistes du droit est pratiqué par toutes les entreprises. Toutefois des repères de base doivent être maîtrisés par le management, notamment pour gérer au mieux les rapports avec les juristes.

Deux branches du droit sont particulièrement concernées : le droit social/droit du travail pour la gestion des hommes et des contrats de travail ; le droit des affaires principalement pour le processus de réalisation de l'OFA.

Nous examinerons ci-après ces deux dispositifs et leur impact sur la gestion des OFA.

Enfin, eu égard au caractère évolutif des cadres juridiques, nous ne saurions trop recommander aux lecteurs d'investir ce sujet avec des spécialistes au fait de l'actualité législative, administrative et juris-prudentielle. Nous n'esquissons ici que les grandes lignes.

Pour approfondir on pourra se référer notamment aux Juriclasseurs et encyclopédies Dalloz.

Les principaux impératifs du droit des affaires[130]

Le meccano juridique

La dynamique des OFA implique un remaniement des structures juridiques des sociétés. Les fusions vont générer l'absorption d'une société par une autre et la création d'une société nouvelle par plu-sieurs sociétés existantes[131]. Dans cet esprit, par exemple le Code du commerce français parle de fusion lorsque trois éléments sont réunis : la transmission universelle de patrimoine, la dissolution de la société absorbée, enfin l'échange des droits sociaux.

Le « Meccano juridique » apparaît donc de toute première impor-tance. Son respect doit non seulement garantir la sécurité juridique de l'opération, mais aussi orienter les options prises par le manage-ment dans la gestion du projet d'OFA. Le droit des sociétés s'avère particulièrement prescriptif et limitatif de la liberté managériale.

À fins d'illustration et de sensibilisation du management aux termes et réalités juridiques, nous allons développer ci-après l'exemple de la fusion *stricto sensu* en droit français.

L'architecture juridique d'une fusion

Le droit prescrit de façon spécifique ou indirecte trois éléments consti-tutifs.

Premier élément : le projet de fusion

Le terme de « projet de fusion » doit s'entendre ici comme un docu-ment d'intentions. Établi par le conseil d'administration, le directoire ou les gérants des sociétés concernées, il doit contenir les informations suivantes[132] :

▶ la forme, la dénomination et le siège social de toutes les sociétés participantes ;

▶ les motifs, buts et conditions de la fusion ;

▶ la désignation et l'évaluation de l'actif et du passif dont la transmission aux sociétés absorbantes ou nouvelles est prévue ;

▶ les modalités de remise des parts ou actions et la date à partir de laquelle celles-ci donnent droit aux bénéfices, ainsi que toute modalité particulière relative à ce droit, et la date à partir de laquelle les opérations de la société absorbée ou scindée seront, du point de vue comptable, considérées comme accomplies par la ou les sociétés bénéficiaires des apports ;

▶ les dates auxquelles ont été arrêtés les comptes des sociétés intéressées utilisés pour établir les conditions de l'opération ;

▶ le rapport d'échange des droits sociaux et, le cas échéant, le montant de la soulte ;

▶ le montant prévu de la prime de fusion ;

▶ les droits accordés aux associés ayant des droits spéciaux et aux porteurs de titres autres que des actions ainsi que, le cas échéant, tout avantage particulier.

Ce projet est établi par acte authentique sous seing privé.

Les organes de direction des sociétés devront adopter le projet. Pour chacune des sociétés, ils établissent un rapport écrit, à la disposition des actionnaires.

Le projet de fusion doit être déposé au greffe du tribunal de commerce et publié dans un journal d'annonces légales. Cet avis mentionne notamment la raison sociale de la société, l'évaluation de l'actif et du passif, un rapport d'échange des droits sociaux, le montant de la prime de fusion et la date du projet.

Un commissaire à la fusion – et éventuellement un commissaire aux apports – doit être désigné dans les OFA de sociétés à capitaux[133]. Il s'assurera notamment que la parité d'échange ne lèse aucune des parties en présence. Il établira un rapport sur les modalités de la fusion qui sera mis à la disposition des actionnaires un mois au moins avant l'assemblée générale qui a se prononcer sur l'OFA. Les commissaires à la fusion ont accès à tous les documents nécessaires à leur mission et peuvent procéder à toutes les vérifications utiles. Ils peuvent se faire assister par un ou plusieurs experts de leur choix.

Deuxième élément : la décision de fusionner

Elle est prise par l'assemblée générale extraordinaire (AGE) de chacune des sociétés participant à l'opération[134]. Pour être valable, cette résolution doit réunir la majorité qualifiée des votants, c'est-à-dire deux tiers dans les SA et trois quarts dans les SARL.

À ce stade, de nouvelles formalités de publicité légale doivent être effectuées, dont notamment la mention dans un journal d'annonces légales de la dissolution des sociétés absorbées ainsi que le dépôt au greffe du tribunal de commerce du procès-verbal de l'AGE et d'une déclaration de conformité par laquelle chacune des sociétés relate les actes effectués en vue de la fusion et affirme que celle-ci a été réalisée « en conformité de la loi et des règlements ». En cas d'appel à l'épargne, un avis est publié au *Bulletin des Annonces Légales Obligatoires* (BALO).

Si ces formalités ne sont pas accomplies, la fusion est inopposable aux tiers. Si la déclaration de conformité n'a pas été fournie, la fusion est nulle.

Troisième élément : la naissance de la nouvelle société

Sauf clause de rétroactivité[135], la date de la fusion se calcule comme suit. Pour les associés des sociétés, il s'agit de celle de la dernière des assemblées ayant approuvé la fusion. Et pour les tiers, ce sera celle des inscriptions modificatives au registre du commerce. Après cette date, toute action dirigée contre la société absorbée ou lancée par elle sera considérée comme nulle. En application du principe de transmission universelle du patrimoine, les créanciers de l'entreprise absorbée (clients, fournisseurs, etc.) ont en principe la société absorbante comme débiteur (art. L. 236-14 du Code du commerce).

Calendriers

La fusion mobilise plusieurs organes et des délais multiples peuvent s'accumuler. Comme nous l'avons vu précédemment, la question des délais et des calendriers est complexe pour le management.

Voici l'exemple d'un calendrier de fusion de deux sociétés ne faisant pas publiquement appel à l'épargne (certains juristes pourront considérer que la convocation des CCE est trop tardive).

J -50 : réunion des conseils d'administration afin d'autoriser les présidents à signer le projet de fusion et de convoquer l'AGE (délai légal de convocation : au moins 45 jours avant l'AGE).

J -49 : signature du projet de fusion et convocation d'une AGE et des comités d'entreprises.

J -48 : désignation d'un commissaire à la fusion, puis communication du projet.

J -47 : dépôt du projet au greffe du tribunal de commerce, demande de publication du projet dans un journal d'annonces légales.

J -30 : mise à disposition des actionnaires et des membres du comité d'entreprise des documents relatifs à la fusion ; consultation des comités d'entreprise.

J -20 : demande de publication de l'avis de convocation des assemblées générales dans un journal d'annonces légales.

J -18 : envoi des lettres de convocation aux actionnaires et convocation des commissaires aux comptes.

J : tenue des AGE (celle de la société absorbée puis celle de l'absorbante) appelées à statuer sur le principe de la fusion.

J + 1 : formalités de publicité.

Les contraintes imposées
par les règles de protection de la concurrence

L'ampleur du mouvement d'OFA semble suggérer que son développement s'effectue sans véritables limitations ni contrôles au sein des entreprises concernées. En réalité, les OFA sont soumises à des forces de contrôle d'ordre social.

Ainsi les États ont-ils développé des législations et des structures qui tendent à modérer et à discipliner les mouvements de concentration. Bruxelles avait ainsi sévèrement « épinglé » le projet du rachat d'Éditis par Lagardère[136].

Les instances de régulation

Ces structures ont la forme d'instances de régulation. Elles sont soit à compétence large, intersectorielle, comme la direction générale de la concurrence de l'UE ou le *Bundeskartellamt* allemand, ou concernent un secteur d'activité particulier, comme les autorités de régulation des télécommunications, de l'alimentation, de l'énergie ou de la pharmacie…

Les autorités ministérielles sont aussi impliquées dans certains pays, comme en France où la notification de projet de concentration est à effectuer auprès du ministère de l'Économie.

L'implication des instances à l'initiative des managers

Il est de la responsabilité des dirigeants et surtout des managers de ne pas « *oublier de soumettre leur projet de fusion aux instances compétentes. Les avocats savent nous rappeler à l'ordre, mais c'est bien d'y penser spontanément sans avoir à être repris par eux devant le président* ».

« *Nous pensons tous à Bruxelles et à sa direction générale de la concurrence, mais on a tendance à oublier les instances administratives de secteur.* »

La notification de l'OFA aux instances compétentes doit intervenir en règle générale dès que le projet est assez abouti, par exemple quand il existe déjà un accord de principe entre les parties, ou qu'une lettre d'intention a été signée, ou encore quand le lancement d'une offre publique est annoncé.

La Commission européenne, en exigeant d'Alcan des cessions importantes, a compromis la poursuite du premier projet de fusion avec **Pechiney, Alusuisse** et **Alcan**. Trois ans après, en amont de l'OPA d'Alcan sur Pechiney, des pourparlers préliminaires confidentiels entre Bruxelles et Alcan ont eu lieu avant les délais légaux de notification à la Commission européenne. Ils visaient à envisager des cessions en cas de position dominante sur le marché[137]... La fusion s'est finalement faite[138].

Les instances ont un pouvoir important. Nombre d'OFA ont été interrompues suite à l'opposition pure et simple des autorités de régulation ou en raison des conditions que ces dernières imposaient pour autoriser leur poursuite. Toutefois leurs décisions sont majoritairement susceptibles de recours devant des instances d'appel telle que la Cour de justice des communautés européennes.

Impala a ainsi obtenu l'annulation du feu vert donné par la Commission au rapprochement entre **Sony Music** et **BMG** qui, un an plus tard, fusionnera avec Universal Music.

Ce dispositif conduit à parfois à générer de l'incertitude pour les entreprises engagées dans des projets d'OFA : « *Nous sommes tous focalisés sur notre projet de fusion, que nous avons présenté comme la seule solution d'avenir pour l'entreprise et nous sommes bloqués depuis quelques mois par ces procédures judiciaires. Le personnel est déstabilisé, les clients aussi.* »

Si une OFA a été réalisée sans être notifiée, les autorités peuvent notamment infliger aux personnes auxquelles incombait la charge de la notification une sanction pécuniaire.

Les cadres juridiques

Les instances s'appuient sur des textes majoritairement législatifs qui vont définir leurs missions, pouvoirs et outils de contrôle. À travers ces textes, les États vont définir leur concept de la libre concurrence et leur position vis-à-vis des concentrations d'entreprises. Leur philosophie n'est pas immuable : les États vont, selon les époques et les enjeux socio-économiques, restreindre ou favoriser les OFA.

Depuis quelques années, les États tendent à développer un double arsenal, qui peut apparaître comme antagoniste, voire paradoxal : ils veillent au strict respect du principe de libre concurrence et parallèlement à protéger leur « patrimoine industriel et économique » national face aux OPA étrangères.

La réinstauration de freins aux OFA internationales

Depuis les années 1990, elles contribuent à l'émergence de la globalisation[139] et de l'internationalisation des entreprises. Elles sont à la fois une conséquence et un outil de cette profonde mutation[140], qui représente à nos yeux un phénomène économique majeur.

Les OFA n'ont pas laissé indifférents les citoyens, les salariés ni les gouvernants. Comme le souligne un dirigeant : « *Nous sommes depuis quelque temps de plus en plus confrontés à une réaction paradoxale de nos interlocuteurs locaux : fierté de voir notre entreprise fusionner avec un autre groupe international pour devenir leader, mais peur aussi du fait de la mondialisation de l'entreprise fusionnée, de la voir se déraciner, les emplois délocalisés et la concurrence malmenée par notre superpuissance.* »

Les vagues d'OFA inquiètent les États. On se souvient des réactions « nationalistes » face à l'offre de Mittal Steel sur Arcelor ou face aux rumeurs de rachat de Danone.

Les OFA remettent en cause le nationalisme économique. Comme nous le confiait un cadre dirigeant : « *Le développement des fusions flatte et dérange. Salariés et citoyens sont flattés d'avoir une entreprise champion mondial, mais cela les inquiète quand ils voient ce champion s'éloigner, être pris sous un autre drapeau.* »

Ainsi, on a vu le Sénat américain se pencher sur la fusion de Voice Stream avec Deutsche Telekom, le gouvernement italien s'alarmer de voir une entreprise du secteur de l'énergie et une société d'autoroutes passer respectivement sous le contrôle du Français EDF et de l'Espagnol Abertis, le gouvernement allemand, par principe non interventionniste, intervenir lors de l'OPA de Vodafone sur Mannesmann[141], etc. La fusion Arcelor/Mittal Steel donnera le signal de départ d'un certain nombre de modifications « protectionnistes » du cadre réglementaire.

Les gouvernements craignent de voir de grandes entreprises nationales passer sous « contrôle étranger ». On retrouve la crainte que des décisions désormais prises à l'extérieur du pays ne malmènent durement l'emploi. Les groupes nationaux peuvent en effet décider de fermer des usines ou filiales à l'étranger avant d'envisager des solutions de ce type dans leur pays d'origine. Pour l'opinion et pour le politique, il est clair que les OFA sont souvent synonymes à plus ou moins court terme de restructurations.

Les États tendent donc désormais à complexifier la réalisation des OFA en encadrant les possibilités de fusionnement : « *Les managers doivent savoir évoluer dans cette jungle législative et d'influence.* »

En France, l'évolution récente du cadre législatif concernant les offres publiques (loi du 31 mars 2006) et au-delà, et la posture adoptée par les pouvoirs publics à l'occasion d'offres lancées par des firmes étrangères traduisent également la volonté de défendre le caractère national des entreprises. De nombreuses sociétés comme Peugeot, Sanofi-Aventis, Essilor, etc., ont ainsi mis en place des mesures « anti-OPA » par exemple *via* les fameux « bons Breton ». L'Allemagne a pris aussi en 2007 des mesures[142] pour réglementer les OFA « sauvages », pour reprendre un mot d'un haut fonctionnaire.

Les dirigeants et les managers ont tout intérêt à comprendre ces situations sociétales. S'engager dans une OFA sans en mesurer l'écho sociétal, voire dans certains pays sans prévenir les autorités publiques, a tout de l'erreur managériale. Cette situation assez récente impose un nouveau savoir-faire chez les dirigeants. Dans certains cas, la réaction négative du corps social et politique a ralenti, voire bloqué une OFA.

Hiérarchie des cadres juridiques

L'Union européenne dispose d'un dispositif très développé qui s'applique à un très grand nombre d'OFA. Si une fusion a une dimension communautaire, elle devra suivre une procédure particulière, prévue notamment par un règlement du 20 janvier 2004. Les autorités européennes visent notamment à prohiber les concentrations qui entraveraient de manière significative une concurrence effective dans le marché commun ou une partie substantielle de celui-ci, notamment du fait de la création ou du renforcement d'une position dominante.

Chaque État membre dispose lui aussi d'un dispositif propre[143]. Les entreprises devront respecter ces législations. En principe, si la fusion n'est pas soumise à la procédure communautaire, la procédure nationale s'applique. Toutefois, l'articulation de tous ces dispositifs législatifs n'est pas facile à gérer pour les managers. Ainsi, un ou plusieurs États membres peuvent demander à la Commission européenne d'examiner toute concentration, qui n'est pas de dimension communautaire au sens strict du terme, mais qui affecte le commerce entre États membres et menace d'affecter de manière significative la concurrence sur le territoire du ou des États membres qui formulent cette demande.

Philosophie des législations

Nous ne présenterons pas ici les contenus de ces textes, qui impliquent de très longs développements. Pour une application détaillée, nous ne saurions trop conseiller au manager d'une OFA de s'adresser à des professionnels du droit. Nous nous contenterons d'exposer l'économie de ces cadres juridiques.

Les législations prévoient principalement deux types de décision.

▶ L'une permet de déclarer la concentration compatible avec le respect du droit de la concurrence. Les instances de régulation peuvent assortir leur décision de conditions[144], par exemple la cession d'activités, qui si elles restaient dans le groupe mettraient ce dernier en situation de monopole.

> Ainsi, **Vodafone** a vendu **Orange** qu'il « avait trouvé dans les actifs de Mannesmann avec qui il avait fusionné ». Et pour pouvoir acheter **TAT**, **British Airways** a dû céder un certain nombre d'actifs. Pour sa part, la Federal Communications Commission s'opposa au projet de fusion entre AT&T et **SBC**.

En règle générale, si l'autorité de contrôle estime que les parties n'ont pas exécuté dans les délais fixés une injonction, une prescription ou un engagement, elle peut alors retirer la décision ayant autorisé la réalisation de l'opération. Une sanction pécuniaire est également fréquente.

▶ L'autre est une décision d'incompatibilité. Dans ce cas, si la concentration a déjà été réalisée, la Commission peut ordonner aux entreprises concernées de dissoudre la concentration, notamment par la séparation des entreprises fusionnées ou la cession de la totalité des actions ou des actifs acquis, afin de rétablir la situation antérieure à la réalisation de la concentration.

Notons que l'arrêt de telles OFA n'est pas neutre sur le plan social et impose une gestion spécifique. Un travail complexe doit être réalisé, consistant à démonter ce qui a déjà été mis en place (par exemple, le célèbre cas Schneider/Legrand)[145]. L'intervention des autorités publiques chargées du respect du droit de la concurrence dans le cadre de l'OFA peut ainsi donner lieu à l'application de solutions juridiques difficilement compatibles avec la dimension humaine de la fusion.

Les contraintes du droit social

Il n'existe pas de textes spécifiques à la gestion sociale des OFA. Les dispositions applicables sont issues de différents textes législatifs ou de la jurisprudence. Les arrêts cités illustrent la règle applicable, mais ne présentent pas d'intérêt factuel pour la gestion des ressources humaines. D'ailleurs, dans la quasi-totalité des cas, ils ne portent pas directement sur les OFA.

Le droit social réglemente trois chantiers majeurs : les instances représentatives du personnel (IRP)[146], le transfert du personnel, les accords collectifs.

L'implication impérative des Instances Représentatives du Personnel (IRP)

Tendances

Abstraction faite des États-Unis, qui, dans ce domaine, disposent d'une législation plutôt souple, les législateurs et les tribunaux ont majoritairement prévu une procédure d'information, voire de consultation. L'avis est exprimé sous diverses formes par les représentants du personnel (syndicats, comité d'entreprise).

En tout état de cause, cet avis, quand il est requis, reste majoritairement consultatif. La consultation des syndicats lors d'une OFA est plus large en Allemagne du fait du système de codétermination.

L'administration – entendue au sens large – se montre peu présente dans les procédures de ce type. Seule l'Espagne connaît une obligation de notification à l'administration du travail et à la Sécurité sociale. Si la législation américaine n'impose pas de contrainte particulière, des accords d'entreprises sont néanmoins susceptibles de mettre en place une procédure d'information du syndicat. Par ailleurs, certaines dispositions spécifiques des contrats individuels, notamment des cadres, peuvent concerner les OFA.

L'exemple français

L'article L. 432-1 du Code du travail prévoit une procédure d'information/consultation du comité d'entreprise. L'entreprise voit donc ici son action particulièrement encadrée et de façon assez complexe.

Une première source de complexité : l'institution compétente

Selon la jurisprudence, le comité central d'entreprise (CCE) est compétent, dans la mesure où la décision de fusion est prise au niveau de la direction générale d'une entreprise.

Quant aux comités d'établissement, ils doivent être informés/consultés si le projet de fusion a des conséquences spécifiques sur les établissements concernés[147]. Cette information/consultation des comités d'établissement doit se dérouler postérieurement aux réunions du CCE consacrées à ce projet de fusion.

Le comité de groupe, lui, n'a pas compétence pour la procédure d'information/consultation sur un projet de fusion et ne saurait se substituer au CCE.

Enfin, le comité d'entreprise européen détient, au titre de l'article L. 439-6 du Code du travail et des articles 1 et 5 et de l'annexe à l'article 7 de la directive du 22 septembre 1994, une compétence consultative. La consultation du CEE n'est pas exclusive de l'information/consultation du CCE.

Une seconde source de complexité : la nature de l'information/consultation

L'information est nécessairement écrite[148]. Le document d'information doit comporter des renseignements *précis sur* :

- la nature et le motif de l'opération envisagée ;
- le calendrier de déroulement prévu ;
- les conséquences économiques, juridiques et sociales du projet ;
- les conséquences sur l'emploi et, de manière plus générale, sur les salariés ;

▶ les mesures envisagées à l'égard des salariés, la date prévue du transfert des salariés.

D'une manière générale, le chef d'entreprise doit fournir au comité d'entreprise tous les éléments nécessaires à la compréhension du projet, sans pouvoir en principe objecter au secret des affaires.

Plus récemment, la loi NRE a renforcé les pouvoirs et les droits du comité d'entreprise lors de la réalisation d'OPA et d'OPE. Elle oblige l'auteur de l'offre à adresser au comité d'entreprise la note d'information visée par l'AMF dans les trois jours suivant sa publication. Cette note doit mentionner les orientations en matière d'emploi.

Toutefois, l'obligation d'information du comité ne va pas jusqu'à la fourniture à celui-ci de projets de contrat ou de convention[149]. Le juge des référés peut être saisi par le comité aux fins d'obtenir la communication de renseignements supplémentaires et un report de la date de consultation.

Une troisième source de complexité : la date de l'information/consultation

L'information est nécessairement préalable à la consultation, qui est elle-même préalable à la décision définitive du chef d'entreprise (article 432-5 du Code du travail).

La jurisprudence considère que l'information/consultation doit avoir lieu dès lors que le projet est suffisamment élaboré pour qu'une discussion puisse avoir un sens, tout en restant modifiable afin de permettre d'éventuels aménagements suite à la consultation des comités[150].

Certains auteurs[151] estiment que la procédure doit être lancée avant l'approbation par le conseil d'administration du projet de fusion, afin que celui-ci soit en possession des remarques du comité d'entreprise. Certains vont encore plus loin, estimant que le fait d'engager les services d'un cabinet spécialisé dans les opérations de fusion constitue un commencement d'exécution du projet[152].

En tout état de cause, la consultation doit être réalisée avant toute mesure d'exécution irrémédiable du projet soumis à l'avis du comité. Nous évoquerons par la suite le risque de condamnation pour délit d'entrave pesant sur le chef d'entreprise en cas de non-respect de cette consultation.

Selon la loi NRE, deux réunions de consultation sont obligatoires pour les OPA et les OPE et une seule pour les opérations de concentration[153]. Ainsi, la première réunion du CE est immédiate dès le dépôt de l'offre publique devant la Commission des marchés financiers. Le CE peut obliger l'auteur de l'offre à exposer son projet devant lui.

La seconde réunion du CE – non systématique dans les cas de concentrations – a lieu dans les quinze jours suivant la publication de la note d'information visée par la Commission des Opérations de Bourse (COB). Elle porte sur l'examen de la note d'information avec, le cas échéant, audition de l'auteur de l'offre et assistance possible d'un expert, préalablement et lors de la réunion (rémunéré par le comité d'entreprise).

L'obligation du chef d'entreprise vis-à-vis des représentants du personnel ne prend pas fin avec l'expression de l'avis du comité d'entreprise Le chef d'entreprise doit encore, aux termes de l'article L. 432-10 du Code du travail, rendre compte au comité d'entreprise de la suite donnée à l'avis exprimé.

Les conséquences managériales

La procédure d'information/consultation du comité d'entreprise est lourde de conséquences pour les managers.

En premier lieu, et nonobstant l'obligation de discrétion que la loi fait peser sur les représentants du personnel, elle aura pour effet de rendre public un projet pour lequel les négociations ne sont peut-être pas terminées.

Cela peut entraver la bonne marche des négociations, dans la mesure où un partenaire étranger qui ne serait pas lié par une législation contraignante peut souhaiter ne pas rendre les négociations publiques. La révélation précoce de projets stratégiques peut enfin conduire à l'amélioration du positionnement des concurrents, à la déstabilisation du corps social, des clients.

Pour rappel, les entreprises ne peuvent arguer de la confidentialité du projet d'OFA pour refuser d'en informer le CE[154].

Enfin, le non-respect de l'obligation d'information/consultation est soumis à des sanctions variées.

Sanctions indirectes

Au titre des sanctions indirectes, on peut relever quatre éléments.

En cas d'absence de l'auteur de l'offre invité à la deuxième réunion du comité d'entreprise, il ne peut exercer les droits de vote attachés aux titres de la société cible.

Cette sanction est levée si l'auteur de l'offre n'est pas convoqué à une nouvelle réunion du comité d'entreprise dans les quinze jours qui suivent la réunion à laquelle il avait été préalablement convoqué, le lendemain du jour où l'auteur de l'offre a été entendu par le comité d'entreprise.

En cas d'insuffisance dans la quantité ou la qualité d'informations fournies au comité d'entreprise, celui-ci peut saisir le juge des référés et obtenir la suspension de la procédure tant que des informations suffisantes n'auront pas été fournies[155]. De même, si le délai initialement prévu entre information et consultation est estimé insuffisant par le comité d'entreprise, celui-ci peut également saisir le juge des référés pour obtenir une prolongation.

Dans l'hypothèse visée par l'article L. 432-5 du Code du travail, « lorsque le comité a connaissance de faits de nature à affecter de manière préoccupante la situation économique de l'entreprise », le comité d'entreprise peut être amené à déclencher la procédure d'alerte qui n'est pas suspensive de la procédure d'information consultation.

Dans la mesure où les OFA sont souvent insérées dans des calendriers très stricts, des actions judiciaires de ce type peuvent constituer des sanctions indirectes lourdes, soit parce qu'elles vont entraîner des conséquences pécuniaires importantes, soit parce qu'elles peuvent aboutir à l'impossibilité de réaliser l'opération.

Sanctions directes

On distingue deux sanctions directes.

Le délit d'entrave[156] constitue à ce jour la principale réponse au défaut d'information/consultation des institutions représentatives du personnel (article L. 483-1 du Code du travail). Il est sanctionné de peines d'amende et/ou d'emprisonnement.

Toutefois, la condamnation pour délit d'entrave reste sans effet sur la réalisation de la fusion projetée et sur sa validité. Par ailleurs, la faiblesse des montants des condamnations prononcées s'avère, d'une manière générale, sans commune mesure avec les enjeux économiques et financiers des opérations faisant l'objet de la procédure de consultation.

De telles condamnations présentent cependant le désagrément d'entraîner une condamnation personnelle du dirigeant, pouvant aller jusqu'à une interdiction de mandat en cas de récidive. Elles risquent également d'entacher son image, notamment vis-à-vis du personnel, alors que la bonne réaction de celui-ci constitue un facteur important pour la réussite de la fusion.

Autre sanction directe : le délit d'initié. Il résulte de l'usage abusif d'informations privilégiées et ne concerne que les sociétés cotées. Il vise à protéger les intérêts du public, en faisant en sorte que les détenteurs d'informations sur des opérations susceptibles d'avoir une influence sur le cours de l'action (par exemple OPA) soient amenés à respecter le principe de l'égalité de l'information.

Le transfert du personnel

La fusion des entreprises présuppose le transfert des patrimoines.

L'étendue du transfert

Lors des OFA, la reprise du personnel s'effectue selon le mécanisme de transfert automatique des contrats. Le législateur a le plus souvent sécurisé cette opération en la rendant automatique. Même si l'absorbant ne « *veut pas du personnel* », le législateur, dans la plupart des pays, l'oblige à « reprendre » les salariés à des fins de sécurité sociétale.

Cependant on dénombre des particularismes selon les pays. Ainsi, il est possible en Allemagne pour le salarié de refuser le transfert : il peut donc revendiquer le maintien de son contrat de travail chez son ancien employeur si celui-ci survit après l'opération juridique, ou à défaut, voir son contrat de travail rompu pour raison économique.

En Italie, les cadres dirigeants de la société cible ont le droit de refuser le transfert et de bénéficier des conditions d'un licenciement.

En France, l'article L. 122-12 al. 2, « le texte le plus rassurant qui soit »[157], prévoit que le contrat de travail se poursuit avec le nouvel employeur issu de la fusion. Cela implique :

- la conservation par le salarié de l'ancienneté et donc des droits afférents acquis auprès de l'employeur précédent ;

- le maintien des clauses particulières en vigueur liant le salarié avec l'ancien employeur : clauses de non-concurrence, clauses de dédit formation ;

- le maintien du salaire[158].

Le salarié ne peut refuser son transfert sans risquer de se voir imputer la rupture de son contrat de travail, selon la Cour de cassation. Le nouvel employeur ne peut refuser de l'intégrer dans ses effectifs.

La Cour de justice des communautés européennes semble, elle, admettre que les salariés ont un droit d'opposition au transfert de leur contrat[159]. Elle n'accorde pas pour autant au salarié un droit au maintien de son contrat initial.

Les effets managériaux du transfert

Certains auteurs[160] considèrent ce transfert comme une remise en cause, de plus en plus mal acceptée par les salariés, de leur choix initial d'employeur : « *J'avais choisi une banque d'affaires, maintenant je me retrouve dans une banque de réseau sans qu'on me demande mon avis* », regrette un cadre interrogé.

Les spécialistes voient dans le mécanisme du transfert du personnel une atteinte au contrat psychologique. S'il crée une certaine stabilité juridique et organisationnelle, il est souvent perçu comme une atteinte au contrat psychologique liant les salariés à l'entreprise : le changement d'employeur du fait de ce dernier ne constitue pas une modification substantielle du contrat de travail, alors qu'elle représente en théorie managériale – nous le verrons plus loin – une modification essentielle. Dans certaines activités, cette modification du fait de l'OFA est admise juridiquement : c'est ainsi que dans le secteur de la presse, les salariés journalistes peuvent faire jouer la clause de conscience.

L'effet du transfert automatique est limité, notamment dans le temps. Une fois le transfert des contrats effectué, le nouvel employeur retrouve l'intégralité de son pouvoir de direction et, à ce titre, peut mettre en œuvre toute mesure de réorganisation[161], ce qui est généralement le cas des fusions, du fait des doubles emplois qu'elles entraînent souvent. Le nouvel employeur peut donc, sous réserve de mettre en œuvre les procédures d'information et/ou de consultation requises, éventuellement prononcer les licenciements pour motif économique.

La gestion des accords collectifs

Les statuts collectifs bénéficient également de dispositions protectrices du législateur, destinées à éviter une rupture brutale.

Les normes collectives négociées

En droit français, par exemple, les accords antérieurs à la fusion restent applicables pendant un an augmenté du délai de préavis, soit quinze mois au total. Ce statut collectif se cumule avec celui de l'entreprise d'accueil. Selon la jurisprudence, les salariés peuvent se prévaloir des dispositions qui leur sont les plus favorables[162].

Cette situation est souvent perçue par les managers comme une réelle contrainte. La liberté d'action est limitée. Le rêve de certains dirigeants de rendre plus compétitifs les coûts salariaux de l'entreprise absorbée est souvent affecté par le principe de continuité des accords collectifs.

Avant l'expiration de ce délai, le nouvel employeur doit engager des négociations avec les organisations syndicales afin de négocier l'accord de substitution qui remplacera ou complétera les accords antérieurs.

À défaut de conclusion d'un accord de substitution, les salariés transférés seront en droit de conserver le bénéfice des avantages individuels acquis sous l'empire du statut collectif dont ils bénéficiaient antérieurement à la fusion[163]. La notion d'avantages individuels acquis peut se définir comme désignant l'avantage que le salarié a utilisé ou perçu avant le transfert au nouvel employeur[164].

Les normes collectives non négociées

Quant aux usages, accords atypiques et engagements unilatéraux de l'employeur précédent, la jurisprudence considère qu'ils sont transmis au nouvel employeur.

L'employeur peut les dénoncer sous réserve du respect des formes requises :

▶ préavis suffisant ;

▷ information des institutions représentatives du personnel ;

▷ notification à chaque salarié bénéficiaire.

Le sort des contrats particuliers

Il s'agit des régimes de participation, d'intéressement et de retraite.

Le Code du travail français prévoit que l'accord de participation cesse de produire effet si la modification dans la situation juridique de l'entreprise, notamment par fusion, en rend impossible l'application. Dans ce cas, le nouvel employeur doit négocier un nouvel accord dans un délai de six mois à compter de la clôture de l'exercice au cours duquel la fusion est intervenue. Si le nouvel employeur est déjà couvert par un accord de participation, le salarié transféré bénéficie immédiatement de l'accord applicable dans la nouvelle entreprise, étant entendu que le nouvel employeur doit également assurer la gestion des droits à participation déjà affectés des salariés transférés. Enfin, l'administration considère que la fusion d'entreprise n'ouvre pas droit à déblocage anticipé.

Pour les régimes d'intéressement, le Code du travail français prévoit des règles identiques à celles retenues pour la participation.

En résumé, le travail de gestion des OFA est encadré assez précisément par le législateur. Il laisse néanmoins une grande place à la renégociation, ce qui implique un réel investissement du management et des DRH et une connaissance des cadres juridiques concernés.

Reste que de nombreuses incertitudes et complexités impliquent nécessairement un lourd investissement, d'autant plus qu'un dispositif, y compris pénal, sanctionne certains manquements. Le droit apparaît donc comme consubstantiel d'une gestion des fusions qui, de ce fait, s'avère très instrumentale, procédurière et complexe…

Chapitre 7

La gestion de l'intégration

Une fois l'opération capitalistique décidée, le chantier d'intégration organisationnelle et managériale des deux entreprises va être de toute première importance.

Le degré d'intégration va dépendre notamment de l'objectif poursuivi par les initiateurs du projet d'OFA et du contrôle capitalistique obtenu. Nous exposerons dans ce chapitre le cas le plus intégratif des OFA : celui où les sociétés se regroupent pour ne former qu'une entité managériale. Ce cas est particulièrement intéressant et complexe et recèle la forme la plus aboutie de la dynamique intégrative. Il peut également servir de cadre de référence aux OFA moins intégratives.

Le chantier de l'intégration est transversal : il concerne tous les managers et va fortement impacter leur activité.

Nous avons pu établir que deux exercices spécifiques devaient être gérés lors de cette phase : l'intégration des deux sociétés et la gestion de crise, consubstantielle à toutes les OFA.

Nous abordons ces deux points ci-après en mettant en exergue les *best practices* repérées en entreprises.

Le fusionnement des deux sociétés

Le cadre de l'intégration est conditionné notamment par les règles du droit des affaires, motivé par des considérations d'urgence et d'enjeux économiques, encadré par des exigences de communication et soutenu par une dynamique managériale particulière.

Globalement, ce processus est celui de la coalescence. Il faut « combiner » les deux sociétés et faire grandir ensemble ces deux corps étrangers, voire concurrents. Comme nous l'avons signalé plus haut, les managers allemands désignent cette phase intégrative par le vocable très évocateur de *zusammenwachsen*, c'est-à-dire « grandir ensemble ».

L'enjeu précis de cette coalescence est d'unir l'ensemble des entreprises et des systèmes sociaux afin que naisse de ceux-ci une unité de gestion. L'objectif de la nouvelle entité économique est « *la jouissance et l'utilisation des compétences communes et des compétences complémentaires* »[165].

Un sujet difficile

L'intégration est vécue par 85 % des managers interrogés comme un exercice complexe et délicat :

— « *parce qu'il est difficile d'associer et de mélanger ce qui a existé de façon volontairement très autonome, voire concurrentielle, avant la fusion* ».

— « *Il est délicat de comprendre les cultures, de définir les niveaux d'intégration et de les mettre en œuvre et, quoi qu'on fasse lors d'une fusion, il y a toujours un choc culturel.* »

Selon les résultats de notre enquête, plus la culture d'entreprise est forte, plus la phase d'intégration sera compliquée : « *Plus les salariés adhèrent à la culture de leur entreprise plus l'intégration d'une nouvelle culture sera difficile. L'adhésion première, positive, va se transformer en adhérence négative.* » De là à penser que les entreprises qui visent des croissances rapides *via* des OFA n'ont pas intérêt à promouvoir une culture interne trop forte, il n'y a qu'un pas… que certaines entreprises ont déjà franchi, notamment en favorisant une gestion de type conglomérat.

Lors de cette phase d'intégration, les dirigeants ont tendance à se focaliser sur les aspects techniques de la fusion et à camper sur leur vision stratégique initiale : « *On a une vision précise de ce que doit être la future nouvelle entreprise, née de la fusion, mais, je dois le reconnaître, on prend assez peu en compte les contraintes et les réalités culturelles des sociétés à fusionner. On est au-dessus de ces contingences et on veut passer vite au-dessus pour réaliser notre vision* », reconnaît un dirigeant français.

Cette relative distanciation face à l'altérité est source de difficulté. Elle ne constitue pas une spécificité française. Les pays où les partenaires sociaux sont plus impliqués incitent toutefois les dirigeants à intégrer davantage les spécificités organisationnelles de la cible et de l'acquéreur.

Les problématiques posées par l'intégration s'articulent principalement autour des questions suivantes :

▷ quelle culture va dominer ?

▷ comment va être réparti le pouvoir ? qui va diriger ?

▷ dans quelle mesure les effectifs des deux entités vont-ils être amenés à travailler ensemble ?

▷ quelle identité véhiculer à l'extérieur et en interne ?

Une double stratégie

La réponse qu'apportent les dirigeants à ces questions d'intégration se décline en deux chantiers stratégiques distincts.

Le premier est celui de la définition et la mise en œuvre d'une « culture formelle »[166], principalement destinée à la communication interne et externe. Il s'agit de façonner l'image et l'identité de la nouvelle société issue de l'OFA.

Le second chantier correspond à la définition et la mise en œuvre d'une « culture opérationnelle », destinée à structurer l'interne. Elle est élaborée le plus souvent par les opérationnels selon des critères plus contingents.

La mise en œuvre combinée de ces deux cultures est censée assurer l'intégration des deux sociétés et ainsi la réalisation de l'OFA. La notion d'intégration ici posée par les praticiens a le mérite de préciser le contenu *a priori* vague du concept d'intégration. On notera aussi avec intérêt que cette approche des praticiens s'inscrit dans celle de certains auteurs concernant les constitutions d'organisations performantes[167].

Le processus d'élaboration de ces cultures formelle et opérationnelle, et plus globalement de l'ensemble du chantier intégratif, est assez complexe. Dans le premier cas, le mode est défini par les dirigeants, président en tête. Dans le second, le processus d'élaboration est plus ouvert : il implique les dirigeants et des acteurs de terrain.

Le choix de la nature des deux cultures ainsi que du style d'élaboration et de mise en œuvre constitue un sujet très sensible : « *En période de fusion, tout le monde est aux aguets, prêt à décoder tous les signaux faibles, prêt aussi à guerroyer.* »

Nous avons modélisé ci-après une typologie des différentes formes de cultures et d'intégration.

Typologies des formes d'intégration

Les spécialistes proposent de très nombreuses typologies d'intégration[168] pouvant présider à l'élaboration des cultures formelles et opérationnelles. Nous les avons testées auprès d'un panel de dirigeants européens et présentons les deux formes d'intégration qu'ils considèrent comme les plus intéressantes.

L'intégration de type stratégique

Selon cette école[169], la bonne approche consisterait à adapter la démarche d'intégration aux finalités stratégiques de l'OFA. Cela conduit à distinguer les trois formes suivantes d'intégration.

- **L'absorption.** Cette démarche est conseillée lorsque les modes de management et de gestion de la société acquise n'ont pas à être conservés. L'objectif stratégique est d'abord la réalisation de synergies, *maximo sensu*. L'entreprise qui dispose du plus fort leadership ou a obtenu un rapport de force favorable impose sa propre culture. Sur le plan RH, ce processus de « raz-de-marée » implique souvent l'exclusion des représentants de l'ancienne culture. Chacun est tenu de s'adapter sous peine d'éviction.

- **La préservation.** Elle s'impose lorsque l'on opère une OFA dans un métier que l'on ne maîtrise pas et quand on souhaite acquérir une nouvelle compétence stratégique. On gardera alors intacts les actifs acquis lors de l'OFA. Dans ce cas, les entreprises maintiennent leurs distances.

- **La symbiose.** Il s'agit du mode d'intégration le plus délicat, car il vise à adapter progressivement la société acquise en lui laissant une certaine autonomie organisationnelle afin de ne pas réduire son niveau de compétitivité. Par contrecoup, il existe une vraie probabilité de transformation de l'acquéreur. Cette démarche implique un transfert de compétences par l'apprentissage et la coopération.

L'intégration de type mixte

D'autres auteurs[170] prônent une intégration combinant le postulat stratégique avec la réalité biologique[171] de l'entreprise.

La prise en compte de la réalité biologique conduit à se focaliser sur les réalités organisationnelles et culturelles impactées par l'OFA, notamment les spécificités des entreprises, leurs contraintes, la culture, la taille, l'affinité institutionnelle et le type d'acquisition.

Dans cette approche biologique, le modèle de Nahavandi et Malekzadeh[172], présenté ci-après, permet de distinguer différents modes d'intégration possibles.

		Stratégie d'intégration culturelle	
		Multiculturalisme	Monoculturalisme
Nature et intensité du lien entre les deux entreprises	Rapport très fort	Intégration	Assimilation
	Rapport très faible	Séparation	Déculturation

L'assimilation se manifeste par la soumission de la société acquise à la culture de l'acquéreur.

L'intégration, elle, désigne la mise en commun de deux cultures. Il s'agit d'une influence réciproque choisie ou vécue par les deux sociétés fusionnées.

Pour sa part, la séparation se manifeste par la confrontation et le défaut de synergies. La société n'est alors intégrée que d'un strict point de vue « business ».

Enfin, la déculturation traduit la volonté de l'acquéreur d'imposer sa propre culture, mais il se heurte à une résistance forte de la cible. De cette confrontation va naître une perte de culture historique de la cible et une non-intégration réelle dans le nouvel ensemble.

Dans l'approche de type mixte, on cherche à combiner cette dimension biologique et la dimension stratégique (notamment les objectifs de la fusion). Trois types d'intégration peuvent être distingués.

▸ Les fusions d'extension se traduisent par une grande autonomie laissée à l'absorbée. Le management et les fonctions opérationnelles sont à peine modifiés. Ce cas correspond souvent aux fusions financières ou conglomérales : « *On dit que ça fusionne, mais, en réalité, cela ne fusionne pas ou peu. Les deux gardent leurs marques. Les deux s'organisent en respectant chacun leur autonomie.* » D'autres auteurs évoquent ici les notions d'« OFA holding » ou de « *stand alone* »[173].

▶ Les fusions de collaboration concernent des opérations où les synergies d'activités opérationnelles sont importantes. Les sociétés A et B s'influencent réciproquement pour créer une nouvelle culture. Du mariage des deux cultures originelles va naître une troisième culture, celle du couple A + B = C. La culture est marquée par les deux cultures initiales. Ces entreprises « métissent » les cultures, espérant faire naître une nouvelle dynamique.

▶ Les fusions de restructuration ou de captation : l'initiateur impose ses pratiques, tout en veillant à préserver la « richesse » de la cible. Dans la plupart des cas, il structure la nouvelle entreprise sur les bases de sa propre organisation. Ce style est assez fréquent dans les OFA hostiles. On y retrouve une forme d'ethnocentrisme[174]. Ce cas, qui engendre évidemment le plus de difficultés et de traumatismes, est atténué par la prise en compte de la réalité sociale de la cible.

Les préférences des dirigeants

Globalement, le choix des dirigeants est soumis à un préalable : la définition du niveau de contrôle souhaité[175]. Celui-ci résulte majoritairement du niveau de contrôle financier. En d'autres termes, si l'OFA se traduit par un contrôle limité (par exemple dans le cas de l'acquisition d'une participation), le niveau d'intégration sera faible, voire quasi inexistant : « *On se contentera d'un contrôle actionnarial.* » À l'inverse, si la participation financière est importante, voire a conduit à une absorption, alors l'enjeu intégratif sera réel et soumis aux pratiques que nous décrivons ci-après.

Dans cette hypothèse, nous avons pu constater que les dirigeants privilégiaient une vision ambitieuse de la fusion, souvent aux dépens des contraintes du terrain et de la faisabilité.

L'approche exclusivement biologique, telle que précitée, ne retient donc guère leur attention. Elle est perçue au mieux comme complémentaire du modèle stratégique et ceci à titre secondaire : « *Elle est séduisante intellectuellement, mais les enjeux de pouvoirs et stratégiques font que nous ne pouvons nous arrêter à ces considérations. Il faut souvent passer en force pour imposer le modèle qui est juste pour la stratégie et, éventuellement après, faire de la dentelle avec cette approche.* »

Une seule exception a pu être relevée. Si le secteur d'activité de la cible est inconnu, si quelques actifs immatériels sont essentiels (*key people* ou « compétences rares »), les dirigeants vont appliquer, par principe de précaution, un mode d'intégration plutôt conciliant.

Des formes mixtes

Majoritairement, les entreprises semblent privilégier l'approche que les scientifiques ont qualifiée de mixte et que nous avons exposée plus haut. Précisément, ils évoquent par ordre de préférence les modes suivants :

▶ les dynamiques « intégratives » (qualifiées plus haut de restructuration, captation ou absorption) ;

▶ les dynamiques « intégratives-coopératives » (qualifiées de collaboration ou symbiose dans les modèles précités) ;

▶ les dynamiques « juxtaposantes » (qualifiées d'extension ou de holding/*stand alone* ci-dessus).

La réalité du terrain s'avère le plus souvent « hybride », conduisant parfois à mixer des modes. Ainsi une même OFA peut être, par exemple, gérée par une combinaison de deux styles : « *On a une exportation de la culture et de l'organisation de l'entreprise dominante vers l'entreprise cible au niveau corporate. Le niveau opérationnel est lui géré de façon "guerre froide" ou bien en respectant les spécificités de chacun ou encore en gérant dans une position d'attente.* »

Par ailleurs, une même entreprise peut changer de style en cours d'OFA ou réaliser successivement différentes OFA selon des styles divers[176], en fonction des intérêts du moment.

Il arrive que « *l'on commence par un mode pour quelques années pour choisir après un autre mode plus raz-de-marée* », commente un praticien Il arrive aussi que la cible inverse la dynamique classique (l'acquéreur décide) et prenne le leadership d'intégration : c'est elle qui finalement phagocyte ou impose son modèle intégratif.

Les meilleures pratiques d'intégration opérationnelle

Quelle que soit la stratégie d'intégration choisie, la mise en œuvre d'un programme précis et structuré d'intégration est recommandée[177]. Il ressort de nos analyses une liste de dix pratiques récurrentes que nous avons enrichies des apports scientifiques des experts[178].

Création d'un comité de pilotage de l'OFA et du changement

Il est ancré au plus haut niveau hiérarchique de l'entreprise. Dans certaines entreprises (majoritairement anglo-saxonnes), des départements permanents dédiés aux OFA existent pour gérer les fusions.

Intervention forte du dirigeant

Le leader exprime une vision[179], impliquant le management. Les dirigeants et les managers constituent un élément clé dans un processus de fusion, parce que porteurs de l'identité culturelle de l'entreprise.

Gestion des différences culturelles entre les deux entreprises

Les modes de management de chacune des entités doivent être clairement identifiés et compris[180]. Les entreprises veillent notamment à identifier les modes officiels et cachés de fonctionnement, les zones réelles de pouvoir, les critères d'évaluation des performances individuelles et collectives et les résistances au projet d'OFA.

Cela doit notamment permettre d'écarter les incompréhensions, de repérer les atouts et pratiques à préserver. Les entreprises essaient ainsi de les faire évoluer progressivement pour faciliter l'intégration et préserver les immatériels : « *Quand on achète de la croissance* via *une fusion, on achète des éléments concrets, comme des machines, des bases clients, mais aussi des éléments assez abstraits, un esprit maison, une ambiance qui sont tout autant nécessaires à la croissance. Si on ne sait pas préserver, l'acquisition va vite devenir stérile. »* Cette gestion de la donne culturelle permet d'anticiper les phénomènes de rejet ou de « stérilisation ».

Les OFA peuvent aussi vite dégénérer en guerre des cultures par simple incompréhension. Cela s'explique par les distances culturelles entre les sociétés, mais aussi par les *« attitudes d'évitement, d'aveuglement défensif sur des réalités plus ou moins centrales pour l'entreprise »*[181]. Cet aveuglement général se traduit par de la rigidité, de la vulnérabilité et le refus d'entendre les différences.

Cette dimension culturelle est unanimement considérée comme importante. Certains, et notamment les cabinets de conseil, affirment qu'elle est cruciale dans la réussite des OFA. Les dirigeants interrogés contestent cette perception et des études scientifiques viennent d'ailleurs confirmer leur approche[182].

Mise en place des organigrammes et des règles organisationnelles

Il s'agit de diffuser une définition et un affichage rapide des organigrammes, des fondements et des nouvelles valeurs de l'entreprise. La rétention des personnes clés doit intervenir en parallèle, voire en amont de l'annonce des nouveaux organigrammes.

Au titre des fondements de la nouvelle société, les grandes options structurelles devront être choisies et communiquées, par exemple décentralisation ou centralisation, structure matricielle ou classique…

En ce qui concerne les valeurs, et pour leur donner *« plus de concret, il est important de diffuser les grandes lignes de la politique de gestion des ressources humaines de la nouvelle entreprise : évaluation, formation, rémunération, etc. »*.

Mise en place d'un processus de vie commune durant le fusionnement

Il s'agit là de réguler le mode de vie temporaire du regroupement, des premiers pas de l'union, dans l'attente de la définition de la structure définitive.

Dans les OFA, on assiste à une perte du langage commun et des repères collectifs historiques. Cela est perçu comme la source de nombreux conflits[183] : « *On voit des réactions anormales liées à l'absence de confiance, des actes irraisonnés, des coups de gueule dans les réunions. Cela peut être n'importe quoi venant de n'importe qui.* » Il faut alors remplacer ces repères.

Les entreprises créent des processus de vie en commun, notamment à travers les groupes de travail sur le projet OFA ou sur le choix du nouveau nom, ou les groupes de travail « business » regroupant des salariés des deux sociétés, ou encore les temps d'échanges.

Ces processus consistent aussi à organiser des manifestations événementielles et fédératrices contribuant à l'intégration de salariés de la cible dans l'acquéreur :

- visite guidée des locaux ;
- présentation des produits et des activités ;
- présentation des différents services ;
- distribution de livrets d'accueil spécifiques à la fusion, du trombinoscope de la société…

Enfin, ces processus se traduisent par les champs du vocabulaire. Le jargon de la nouvelle entreprise et les termes techniques utilisés seront unifiés (formation mixte aux postes et aux pratiques, congrès commun de la force de vente, etc.).

Management des conflits liés à l'intégration

Ce chantier est particulièrement développé dans les pays anglosaxons. Il peut par exemple consister à désigner des médiateurs internes appartenant à part égale aux deux entreprises.

Il s'avère essentiel de créer un climat de confiance et d'accompagnement des individus dans la gestion de leur stress. Nous avons en effet constaté que les OFA généraient une crise et un deuil des sociétés historiques « *réel, douloureux et anxiogène* ».

Le développement d'une gestion individualisée présente également l'avantage d'accompagner de façon pertinente le deuil. Cet accompagnement permet, sous forme de groupes de travail, de formations, de coaching, de gestion du stress ou encore de notes internes, de restaurer la confiance et de limiter les effets négatifs sur la productivité.

Différentes pratiques sont mobilisées :

▶ coaching spécifique ;

▶ mise en place, comme chez Nexans, de Tableaux de Bords Sociaux suivis pendant six mois après la naissance de la nouvelle société ;

▶ échanges avec les syndicats afin d'obtenir les informations par un autre canal que le management ;

▶ mise en place d'une Web TV.

« *Nous avons conduit trente-cinq réunions au cours d'une semaine. Les conjoints ont aussi été invités à participer.* » Les dirigeants et DRH interviennent souvent dans l'explication de l'OFA auprès du personnel et considèrent l'accompagnement comme l'une des missions importantes de la fonction RH.

Focalisation des collaborateurs sur l'activité économique de l'entreprise

« *Naturellement, l'énergie des salariés durant les fusions est focalisée sur le projet et non sur le boulot classique. Il faut donc tout mettre en œuvre pour recadrer l'investissement des collaborateurs.* » Les managers doivent se recentrer sur des problématiques liées aux business anciens et essentiels pour la réussite de la fusion : stratégie de développement, *business portfolio, business systems and segments, product flow, customer care, supply chain management*, etc.

Les clients expriment souvent des « préoccupations » quant aux modifications éventuelles des conditions de vente, au maintien de la qualité des services et des produits, des coûts et des délais. Une communication adaptée combinée à une action terrain intensive est indispensable pour ne pas perdre des clients.

Les fournisseurs craignent également que la taille du nouvel ensemble se traduise par des baisses de prix et généralement par une réduction de leur nombre. D'un autre côté, la fusion peut également engendrer un renforcement du pouvoir des fournisseurs stratégiques communs aux deux entités.

Les entreprises valorisent particulièrement les succès commerciaux. De nombreuses entreprises développent des *task forces* « production » ou « vente », composées de collaborateurs des deux entreprises concernées, à tous les niveaux hiérarchiques, *via* des objectifs opérationnels ambitieux.

Pour la majorité des entreprises, une non-focalisation sur le *daily business* constitue d'ailleurs un risque majeur d'échec de l'intégration. Comme nous l'a indiqué un interviewé : « *On passe son temps à parler et à travailler fusion et synergie et on oublie le business. Or les résultats économiques de la fusion seront liés en grande partie à notre capacité à produire et à vendre.* » Et un DRH de compléter : « *Pour les salariés, la focalisation métier est en fin de compte très motivante, fédératrice et aussi rassurante en termes de sauvegarde d'emploi et même d'employabilité.* »

Rétablissement rapide du fonctionnement opérationnel

La nouvelle société dotée d'un nouvel organigramme et d'une organisation va devoir « *mettre en énergie cette nouvelle structure* » sur tous les plans fonctionnels : administratif, structurel (par exemple gestion des doublons), stratégique, managérial et opérationnel.

De nombreuses entreprises vont privilégier le rétablissement opérationnel interne en négligeant la réinstauration d'un fonctionnement stabilisé vis-à-vis de l'externe. Les experts préconisent d'investir aussi le terrain externe et de développer une réelle intégration externe visant l'ensemble des *stakeholders*[184] (clients, fournisseurs, médias, élus, syndicats professionnels, analystes) et des *shareholders.*

Dans l'ensemble, les entreprises ont recours ici aux méthodes classiques de management du changement et de gestion de crise pour atteindre cette phase de fonctionnement opérationnel.

On retrouve aussi ici les exigences de rapidité dans les OFA formulées par les praticiens. Comme nous l'avons indiqué, il s'agit de pouvoir rétablir rapidement les fonctionnements opérationnels, alors que dans de nombreux cas, les pouvoirs publics ne l'ont toujours pas entérinée. Cette rapidité présente néanmoins un aspect négatif, car les salariés n'ont pas assez de temps pour « *digérer tous ces changements* » et faire leur travail de deuil.

L'opérationnalité de la nouvelle société passe aussi par une définition de référentiels nouveaux, en particulier en matière de statut du personnel, d'organisation industrielle et commerciale et de systèmes « techniques » (reporting, finance, etc.)[185]. On parle souvent d'harmonisation. Elle prend deux chemins principaux :

- la recherche concertée des meilleures pratiques entre les deux entreprises « *best of both* » (mise en place par 60 % des personnes interrogées) ;

- l'harmonisation forcée de type ethnocentrique (mise en place par 30 % des interviewés) : « *On choisit alors les pratiques de l'entreprise dominante dans l'opération de fusion.* »

Dix pour cent des interrogés mêlent les deux options. De nombreux auteurs[186] préconisent cependant d'opter pour le premier chemin. La volonté affichée de « prendre le meilleur de chacun » a en effet un impact psychologique d'apaisement, atténuant les peurs liées aux sentiments de conquête et d'impérialisme. Cela inclut également des éléments plus informels, tels que des discours, des usages, des modes de vie, voire des éléments vestimentaires. La concertation sociale avec les partenaires sociaux apparaît ici comme un vecteur du fusionnement : « *Au moins, les salariés croient ce qui est véhiculé par les partenaires sociaux.* »

Une hyper communication

L'importance de la communication s'explique, selon les praticiens, pour trois raisons.

Incertitude et confidentialité du projet

La demande d'information est très forte de la part des salariés du fait de l'incertitude qui réduit les possibilités de communication classique : « *On veut savoir ce qui se passe, au passé, au présent et au futur.* »

La sous-communication dans la période de pré-fusion (N-1 et N), vont rendre ce chantier à ce stade post-fusion encore plus délicat.

En effet, dans une OFA stratégique, souvent seuls quelques dirigeants sont impliqués dès le début du projet. Cela crée un décalage réel avec les autres dirigeants qui ne découvrent le projet de fusion que tardivement : « *Après la fusion, il faudra gérer "ces blessures d'ego". C'est d'autant plus délicat à gérer que l'entreprise d'en face n'a pas nécessairement développé la même stratégie de communication et qu'elle a impliqué par contre le directeur juridique, mais pas nous.* » Le dirigeant non impliqué vivra encore plus mal le fait de découvrir que ses homologues de l'autre entreprise, eux, ont été impliqués et informés[187].

Les impératifs de confidentialité en période N-1 sont réels, imposés par les dispositifs légaux. La menace de délit d'entrave agitée par les syndicats informés par voie de presse du projet d'OFA représente un vrai souci pour les dirigeants. Par ailleurs, l'absence de confidentialité, par exemple une « fuite » dans la presse, peut engendrer un accroissement du coût de l'OFA *via* un accroissement du cours de l'action de la société cible. Elle peut aussi engendrer le départ des compétences sensibles. Le DRH d'un groupe pharmaceutique rappelle : « *On a fusionné avec un labo quasi vidé de son potentiel humain de chercheurs. À l'annonce, par fuite, du projet de fusion, ils avaient démissionné et fui chez un autre concurrent. »*

Rumeurs et déstabilisation

Les rumeurs et donc les risques de déstabilisation de l'entreprise sont réels. Les rumeurs naissent sur des terrains où l'incertitude règne.

Informations incohérentes

Les incohérences parmi les informations circulant dans l'entreprise créent une demande supplémentaire d'informations. Pour de nombreux praticiens, ces « incohérences » internes renforcent la coupure entre les dirigeants et les salariés[188], mais aussi entre « *dirigeants top executives et dirigeants* ».

Les pratiques de communication s'articulent autour de trois chantiers majeurs.

Donner du sens[189]

Il s'agit, selon nos interviewés :

- « d'expliquer la fusion, de donner les informations nécessaires à l'intégration des sociétés fusionnées » ;
- « d'éviter que les gens se fassent leur film »[190] ;
- « de restaurer la confiance pour qu'ils s'intègrent dans le nouvel espace né de la fusion ».

Il importe de proposer une vision, une explication de l'événement source des conflits, afin de faire émerger la créativité inhérente à toute crise.

Les OFA génèrent une rupture de sens. Les modes de compréhension du monde qu'offrait l'organisation ancienne deviennent inopérants. La crise semble placer les acteurs dans le désarroi de l'impossible construction de sens, car dans la crise règnent le chaos, le non-sens et le stress. Dans une OFA, il s'avère que :

- « Tout est remis en cause, les symboles habituels disparaissent, les organigrammes sont modifiés, les périmètres agrandis, etc. ».

© Groupe Eyrolles

⬤ « L'organisation, soutien de l'individu, va disparaître quelque temps, jusqu'à sa réapparition post-fusion. »

Cela représente l'un des objectifs de la communication interne et externe dans les OFA, en particulier de « *la présence des dirigeants et du DRH sur le terrain* ». L'ensemble des mesures liées à la communication, comme celles relatives à l'explication des motivations et des réussites de l'OFA, participent de cette mise en cohérence. Les praticiens soulignent l'importance des actions permettant à chacun de comprendre l'autre culture, d'expliquer la sienne et de créer des référentiels communs identitaires.

Les entreprises vont communiquer sur les premiers succès de l'OFA pour rassurer les salariés et leur expliquer que l'entreprise se trouve sur la bonne voie. Il s'agit par exemple de présenter les premières synergies, d'annoncer des réussites commerciales, etc. Le nouveau groupe apparaîtra ainsi en ordre de marche.

Réduire les incertitudes

Les salariés supportent d'autant plus mal les incertitudes intrinsèques à l'OFA qu'elles sont souvent accompagnées en interne et en externe de nombreuses rumeurs. La communication doit alors être à la fois anxiolytique, mobilisatrice et intégratrice[191].

Il s'agit ainsi d'enrayer les mécanismes de démotivation, notamment liés aux inquiétudes sur les conséquences sociales de l'OFA. Les entreprises informent les salariés sur les enjeux de l'OFA et tentent de récréer une dynamique historique et de lever les incertitudes du personnel sur le déroulement de l'intégration et sur leur propre avenir. La communication doit occuper le champ médiatique interne, dédramatiser la situation, qui est souvent fortement médiatisée en externe. Il s'agit en fait d'un véritable outil de management[192].

Arcelor Mittal a créé un **site Internet** (http://www.arcelormittal.tv) dédié à la présentation du projet et des réalisations concrètes de la fusion. Il s'agit de montrer aux partenaires du groupe sidérurgique que le projet avance et que l'intégration se poursuit efficacement.

Valoriser l'image de la nouvelle société et de ses nouveaux dirigeants

L'objectif consiste ici à prouver que « *les dirigeants sont de vrais êtres humains et qu'ils s'entendent bien ensemble* ». La présence et l'expression du leadership des nouveaux dirigeants s'avèrent essentielles. Elles créent une identité externe. L'objectif vise à donner le sentiment que la fusion est déjà réalisée. Comme le soulignait l'un de nos interlocuteurs, lors de cette phase d'intégration, « *il y a un nouveau nom et logo* » pour l'entreprise.

Pour ces chantiers, tous les médias peuvent être utilisés :

- vidéo conférences[193] ;
- journal interne[194] ;
- intranet pour la communication « *top down* » ;
- e-mails ;
- lettres d'information régulière[195].

Les praticiens utilisent également les rapports en face-à-face avec les collaborateurs des deux entités qui fusionnent. Tout cela corrobore les recommandations des experts[196].

La communication est donc très intensive et majoritairement gérée sous la responsabilité directe des dirigeants. Le lien avec le « top management » ne doit surtout pas être rompu et même rester particulièrement visible.

Bilan post-fusion

Quelques entreprises pratiquent systématiquement après l'intégration (en règle générale trois ans après la fusion) un bilan de l'intégration. L'objectif est double : corriger autant que possible les dysfonctionnements (par exemple, en modifiant les organigrammes pour aborder une période plus stable que lors de l'OFA) et capitaliser pour les futures OFA. Ce bilan intègre des facteurs « hard », par exemple les réalisations de synergie, et des facteurs « soft », comme les coûts humains (stress, climat social).

Les OFA : une crise que les managers doivent gérer

Le rapprochement de deux entreprises, mêmes proches en apparence ou appartenant au même secteur, crée toujours un choc et « *un éclatement des références* ».

Les contributions récentes d'experts[197] et les résultats de nos enquêtes font émerger la crise comme élément central et constitutif des OFA : la totalité de notre panel confirme « *l'existence de crise majeure dans les fusions-acquisitions* ».

Voici quelques verbatim de dirigeants :

— « *Nous savons tous depuis longtemps que fusionner notre boîte va créer une crise, mais on n'ose pas trop le dire pour pas stresser tout le monde. Et puis admettre la crise, cela donnerait l'impression qu'on ne gère pas, voire que la fusion était une mauvaise idée.* »

— « *Mon DRH et mes clients me disent souvent que ça tiraille partout, en interne comme en externe, mais cette crise est particulière, car on ne va pas vers la mort, on va vers du développement.* »

— « *Personne n'osait me dire l'étendue de la crise, jusqu'à ce que mon fils fasse un stage dans l'entreprise et me raconte l'entendue des dégâts.* »

— « *Moi, ce qui m'impressionne, c'est que malgré la crise, ça fonctionne et on avance.* »

— « *Une fois les périodes de remise en cause de tout, ça repart et on repense à la prochaine fusion, et tac, on se repaye une crise, comme si on n'avait pas su en tirer les leçons.* »

— « *Je me demande maintenant après ma dix-huitième fusion si la crise n'est pas incontournable.* »

Comprendre la crise spécifique des OFA : le syndrome du Phénix

La crise, constitutive de l'OFA, s'illustre selon nos interlocuteurs à travers un syndrome très particulier. Nous avons vu que le droit prévoyait dans l'OFA, contrairement aux autres formes de croissance externe, la création d'une société nouvelle à partir de sociétés préexistantes qui doivent disparaître : « *On est face à une destruction et une renaissance métamorphosée de sociétés, tel un Phénix.* »

Les managers vont donc devoir gérer une situation particulière. Il est important pour eux de comprendre les logiques sous-jacentes de ce syndrome afin d'adopter un comportement idoine : « *Que se trame-t-il donc derrière cette crise, pourquoi en sommes-nous là ? Pourquoi est-ce inévitable ?* »

Ce syndrome est constitué de trois dynamiques.

La dynamique de mort

La fusion est porteuse de la disparition des deux entreprises qui en sont la cause. C'est la loi du genre ! Cette dynamique va générer trois grands vecteurs de crise.

L'atteinte identitaire

Classiquement, des processus identitaires lient les salariés à l'entreprise. Il est par ailleurs paradoxal de constater qu'avant l'OFA, nombre de salariés avaient pourtant du mal à s'identifier à l'organisation. Mais un seul être vous manque... Ces identités sont d'ordre social, individuel ou collectif. Il apparaît que l'OFA provoque une déstructuration de ces identités et une défaillance de l'étayage constitué par l'organisation historique.

L'OFA vient tout particulièrement distendre les processus identitaires sociaux : « *On détruit des identités pour en forger une nouvelle.* »

L'identité individuelle se trouve aussi malmenée : « *En remettant en cause les organigrammes et en créant des doublons, chacun se sent menacé dans son métier, ses missions, sa position.* »

Quant à l'image collective au sein du nouveau groupe, elle devient aussi un problème majeur :

– « *Hier, on était les rois du groupe, nous étions le* core business, *aujourd'hui, on est à vendre... parce que, du fait de la fusion, le portefeuille d'activités a été recomposé.* »

— « *Je suis mélangé dans des groupes de travail nouveaux et sans cohérence. Leur boîte est fondée sur la compétence, nous, sur le poste.* »

L'importance de la gestion de l'intégration culturelle dans les chantiers des OFA témoigne du poids de la question identitaire. Dans les fusions, la restructuration d'identité se fait par le maintien de l'idéal et des intérêts communs des salariés. La fusion engendre un mouvement de dépression que le retour très rapide à un nouveau groupe organisé permettra de limiter :

— « *La vie reprend dès que la nouvelle entreprise et le nouveau groupe sont créés.* »

— « *Ce rôle apaisant du groupe explique pourquoi nous devons aller si vite pour recréer la nouvelle entreprise.* »

La nouvelle entreprise va servir de fondation solide, à partir de laquelle on peut prendre appui pour dépasser la crise et se développer. En créant des groupes de travail sur l'OFA, l'entreprise s'inscrit dans cette dynamique : « *Même s'il ne ressort pas toujours des choses fascinantes de ces groupes, au moins ça rassure les gens, ça les canalise.* »

La rupture des dynamiques

Selon Barus-Michel, « *la crise est une remise en question profonde, mettant en cause la survie dans la cohésion et la continuité de l'unité considérée* »[198]. Les équilibres et les échanges fonctionnels sont modifiés[199]. Nous avons pu relever dans une OFA des ruptures telles que des contrôles gestionnaires plus assurés par les mêmes instances, des pratiques usuelles de gestion et d'organisation devenues caduques ou inadéquates. Dans le même esprit, de nouvelles règles, voire de nouvelles structures, des instances spéciales ou réorganisées de représentation du personnel s'avèrent nécessaires durant le processus d'OFA.

Le deuil

La dynamique « phénixienne » va générer aussi un sentiment de choc et de deuil chez les salariés, proche de celui lié à une « fermeture d'établissement, à une perte majeure ». Dans le complexe du Phénix, le deuil lié à la disparition des deux entreprises ralentit « *le passage à la nouvelle entreprise* ». Winnicott[200] n'affirmait-il pas que, pour pouvoir s'éloigner d'un objet, il y a nécessité pour l'individu, pendant la période de deuil, de garder des liens avec lui…

Le deuil s'illustre aussi par « *une crise de loyauté* »[201]. Celle-ci peut entraver l'OFA :

— « *On ne sait pas très bien comment se comporter lors de la fusion. La situation est complexe : soit on est ouvert aux autres, à l'entreprise partenaire, et vos collègues vous considèrent alors comme des traîtres, soit vous êtes distant et les dirigeants vous jugent timorés.* »

— « *Intégrer trop vite les groupes de travail relatifs à la fusion est considéré pour beaucoup de managers comme un acte coupable, plein d'ingratitude envers l'entreprise.* »

Un praticien se souvient de propos d'agents de maîtrise : « *On ne peut pas abandonner si vite celle qui nous a nourris, on l'aimait bien, notre entreprise.* » À l'égard des dirigeants, les interrogations sont de même nature : « *Pourquoi le dirigeant a-t-il pu trahir l'entité d'appartenance qui l'a fait ? Comment peut-on s'investir dans la nouvelle entreprise alors qu'hier les salariés étaient en compétition ?* »

Le départ du fondateur symbolique – du fait de sa sortie réelle à l'occasion de la fusion, ou parce que l'entreprise historique qui était le support de son rôle a disparu dans la fusion – réveille lui aussi les culpabilités collectives. Dans une approche freudienne, on oserait presque évoquer la réactivation du meurtre du père primitif de la horde.

Cette crise générale de loyauté et de deuil va générer une résistance à tous les changements subséquents[202]. Les managers gèrent le deuil et la crise de loyauté souvent en « *ritualisant* », en expliquant les abandons des politiques de l'ancienne société et « *en laissant du temps aux salariés pour qu'ils puissent faire le deuil de leur ancienne entreprise. Mais "globalement", nous sommes assez dépourvus de moyens.* »

Une dynamique d'héritage

Les OFA sont aussi caractérisées par une dynamique de succession : la nouvelle entreprise est une « société ex-societatibus[203] » : « *On ne crée pas une nouvelle société à partir de rien, mais à partir de sociétés préexistantes.* » Cela constitue pour la totalité de nos interlocuteurs l'une des spécificités majeures de la crise générée par l'OFA, avec trois symptômes.

La société nouvelle déjà marquée par un lourd héritage

« *On fait croire à tout le monde que la nouvelle société est neuve, toute à son nouveau destin, mais en réalité ce n'est pas le cas.* » La nouvelle société issue de la fusion n'est pas créée *ex nihilo*. Dès sa naissance, elle est constituée des actifs réels et symboliques des entreprises fusionnées : « *On ne peut faire table rase du passé.* »

Cette « historicité » (« *Vingt ans après la fusion, on parlait encore chez Rhône-Poulenc de Progyl !* ») va peser lourd sur la gestion de la nouvelle société, notamment à travers les habitudes culturelles et techniques, les conflits historiques, l'attachement au passé... Quoique nouvelle, l'entreprise est riche d'un long passé, qui ne pourra être oublié.

L'histoire est une donnée essentielle de la fusion, au sens de l'école structuraliste. Comme l'avait évoqué Selznick[204], peut-être là plus qu'ailleurs, la rationalité des décisions et la portée des choix des nouveaux acteurs de cette entreprise seront limitées par le poids réel et symbolique du passé.

Les transferts de patrimoine et de population

La fusion, société nouvelle née ex-societatibus, implique aussi un héritage social : c'est le principe du transfert universel du patrimoine, y compris du personnel[205]. Lors des OFA, de nombreuses législations imposent que le repreneur se voie transférer l'intégralité des contrats de travail des salariés de l'entreprise achetée.

En France, l'article L. 122-12 du Code du travail assure cette continuité du contrat juridique alors que l'ensemble des paramètres du contrat psychologique[206] qui liait les salariés à une entreprise se trouve profondément bouleversé.

La stratégie, les valeurs, les modes de gestion et de management et les équipes dirigeantes vont être modifiés. Si le contrat de travail dans son exécution juridique est respecté :

— *« Psychologiquement, on n'a pas demandé leur avis aux salariés s'ils voulaient être fusionnés et il y a, à des degrés différents, pour chacun d'entre eux, le sentiment de cassure d'un engagement implicite. »*

— *« Nous, on est rentrés chez X, on n'a jamais demandé à intégrer l'entreprise Y qui vient de nous absorber. »*

C'est là une réelle source de stress et d'inquiétude, voire de démotivation. Nous avons affaire ici à un cas de dissociation entre le contrat légal et le « contrat psychologique », complexe, riche d'antagonismes à gérer et pourtant inéluctable.

La guerre des valeurs

Une OFA constitue une confrontation, voire une « guerre de cultures qui peut mal tourner » et se révéler destructrice pour l'entreprise. Ceci est particulièrement vrai dans les OFA horizontales, c'est-à-dire réalisées entre concurrents :

— *« Hier, on était concurrents, on s'entre-tuait. Maintenant, on doit vivre ensemble. »*

— *« En cachette, ils s'opposent, se combattent. »*

— *« On est tiraillé entre vouloir la fusion et la repousser. »*

Ayant perdu un langage commun et des repères collectifs, l'organisation est marquée par l'éclatement de nombreux conflits[207] : *« On voit des réactions anormales liées à l'absence de confiance, des actes irraisonnés, des coups de gueule dans les réunions. Cela peut être n'importe quoi venant de n'importe qui. »*

Une dynamique de création

La fusion impose, après la disparition des deux sociétés historiques, la création de la nouvelle société. Trois facteurs de crise émergent à ce stade de l'OFA.

Les troubles créatifs

Toute création de nouvelle organisation génère des phases critiques et l'OFA n'y échappe pas. La constitution de la nouvelle entreprise va engendrer une kyrielle de rites, d'actions, entraînant crises et troubles classiquement liés à la constitution d'un groupe[208] : « *Je me souviens être allé inscrire l'entreprise au registre des sociétés. C'était bien un acte de naissance d'une nouvelle société avec tous les problèmes d'hyperactivité, de conflits, de troubles qui en découlent* », reconnaît un praticien.

Le conflit domine souvent pendant ces périodes de création. Les contradictions occultées ou réprimées par « *la fiction unitaire* » de la création refont vite surface. On rencontre de réels blocages entre les acteurs.

Les doublons de postes exacerbent les conflits. La remise en jeu des différentes zones de pouvoir, mais aussi le fait que certains acteurs doivent désormais partager des frontières communes, engendrent nombre de tensions nouvelles. Certains dirigeants ont d'ailleurs expliqué que, du fait des conflits, les OFA entraînaient de véritables hémorragies de ressources clés.

La synchronicité

La création de la nouvelle société se produit dans un contexte très particulier de gestion multiple : la synchronicité des trois dynamiques de mort, d'héritage et de création.

Cette quasi-concomitance est perçue comme particulièrement difficile à gérer : « *Nous devons vivre les deux chantiers et l'urgence dans laquelle nous sommes rend encore plus délicate la gestion de ces deux dynamiques antagonistes.* »

Au travers du syndrome du Phénix, la fusion apparaît dans sa complexité comme la recomposition d'un tissu social entre deux groupes d'individus, chacun préalablement uni au sein d'organisations différentes, dans un contexte de concomitance entre la disparition et la naissance de sociétés.

La « conquérante »

Si les mobiles des fusions sont divers, ils répondent bien à une logique guerrière qui se résume finalement à « manger ou être mangé ». Cette dimension va diffuser un « *sentiment de guerre dans l'ensemble de l'entreprise. Que l'on soit acheté ou acheteur, tout le monde est en crise nationale* ».

La gestion interne se caractérise également par une dimension guerrière. L'affrontement des forces antagonistes domine souvent pendant les OFA.

Les mesures spécifiques de gestion de la crise

Face à cette crise, l'enjeu managérial consiste à dépasser cette dernière et à permettre l'émergence et le fonctionnement de la nouvelle entreprise née de l'OFA. Les entreprises ont développé une batterie de mesures.

Première mesure : reconnaître la crise

La crise dans les OFA est particulière : tous la constatent et personne ou presque ne la reconnaît. Or la gestion des OFA ne se réduit pas, comme on pourrait le croire, à un management de processus « *réglé, calme et mécaniste* ». Le fusionnement est accompagné de perturbations, de mouvements erratiques, conflictuels, douloureux ou excitants. Les OFA apparaissent comme traversées par des ondes de chocs « *qui ne tiennent nullement à une erreur de gestion processuel* ». Écoutons l'un de nos interlocuteurs : « *Toute fusion crée un choc, génère une crise. Nous avons dirigé cinq fusions, toutes amicales : nous avons vécu cinq crises. Elles n'ont épargné personne ni en interne, ni paradoxalement en externe. Si demain on faisait une sixième fusion, il y aurait à nouveau une crise. On s'y fait. Ceci n'est pas grave. C'est* *nécessaire.* » Ces paroles de DRH reflètent bien l'opinion partagée par la grande partie de nos interlocuteurs : « *Toute fusion s'accompagne d'une crise ou d'une situation qui est plus qu'un changement.* »

Parmi les nombreuses crises qu'ils ont à gérer (restructurations avec plans sociaux, fermetures d'entreprises, disparition des dirigeants ou des ressources clés, accidents, etc.), l'OFA est pour les managers celle qui leur semble atteindre le summum du point de vue de la complexité. Elle est :

- « *L'addition de tous les cas de crise.* »

- « *On restructure, on ferme des établissements, les dirigeants changent, il faut faire vite, ça nous tombe dessus comme un accident. On doit créer aussi une nouvelle entreprise. La taille double en une nuit. Il faut parler une autre langue : vous connaissez une opération aussi complexe ?* »

Toutefois, cette crise n'est manifestement pas perçue par tous. Deux types de déni existent :

- **Le déni des dirigeants.** Dès lors qu'ils initient l'OFA, les dirigeants nient majoritairement la crise : « *Les dirigeants ne perçoivent pas toujours qu'il y a une crise pour les autres. Ils sont les auteurs de la fusion. Donc, pour eux, la fusion rime avec succès, alors que pour les autres, la fusion rime avec incertitude et pression.* » Cette distorsion de perception et de vécu aura des impacts importants dans le management : non-prise en compte de la différence, déni de la crise, difficulté pour le haut management à gérer un corps social « *dans un état qu'on ne connaît pas, voire qu'on refuse d'admettre* ».

- **Le déni managérial.** La plupart des managers perçoivent l'OFA comme un véritable maelström, mais pensent qu'il ne s'agit que d'une situation tendue due à une simple « *sous-communication* », voire à une relative « *inefficacité d'exécution… par les niveaux intermédiaires* ».

Plusieurs éléments bannissent la crise de la culture d'entreprise, souvent perçue comme le symptôme d'une défaillance du management :

— « *La crise est rarement bien vue dans l'entreprise. Elle est souvent niée, car perçue comme un aveu d'échec ou d'impuissance.* »

— « *C'est un état dont il faut sortir au plus vite.* »

À l'exception des entreprises des pays germaniques, les firmes refusent d'admettre la notion de crise légitime. Le plus souvent, elles ne perçoivent pas son étendue ou feignent d'ignorer l'importance des signes. Pourtant, dès les prémices ou premières rumeurs d'OFA, la crise est là. Les signes avant-coureurs sont cachés aux salariés et à l'environnement de l'entreprise :

— « *Souvent, en cas d'absorption hostile, on est dans le déni.* »

— « *Les salariés passent leur temps à chercher des signes que quelque chose se passe. Ceci nous oblige à monter plein de stratégies pour garantir la confidentialité de l'OFA. L'audit de due diligence est dramatique pour la confidentialité du projet de fusion : voir des gens d'une autre entreprise circuler dans nos locaux pendant quelques jours lance et nourrit la rumeur.* »

Deuxième mesure : réhabiliter la crise

La fusion implique donc une crise et il s'avère essentiel d'admettre que celle-ci ne constitue pas un aveu d'échec managérial, mais une étape nécessaire. Pour faciliter la prise de conscience de la crise, ne faudrait-il pas préférer l'expression de « crise de croissance », dont la connotation est moins négative ?

Identitairement, un être, pour se constituer et vivre les différentes étapes de sa vie, passe par des crises de croissance, d'adolescence, de la quarantaine, du grand âge… Ces crises sont perçues comme « naturelles », légitimes. Cela est le cas des crises liées aux OFA :

— « *Elles sont consubstantielles des fusions, voire nécessaires au risque sinon de n'avoir qu'une juxtaposition d'entreprises.* »

— « *C'est comme l'adolescence, quand on voit une OFA poindre, on sait qu'il y aura une crise à gérer, que ce sera complexe. Notre rôle est de nous y préparer, de la gérer, mais on ne peut y échapper.* »

— « *On ne peut fusionner sans crise, la reconstruction d'identité passe par une crise.* »

— « *La reconnaissance de la crise permet de repérer et de gérer les vrais problèmes, d'aller vite à l'essentiel... même si c'est humainement dur.* »

Le mode de gestion ou la nature de l'OFA serait sans effet sur la présence ou l'absence de crise. L'intervention des praticiens n'aurait pour effet que d'en « *limiter les dégâts* », d'en modifier l'intensité ou la durée et d'améliorer la qualité du vécu des salariés. Elle permettrait ainsi au mieux d'optimiser la sortie de la crise. Le management et la GRH se situeraient alors sur le seul terrain des modalités de gestion.

En cela, prendre comme critère d'efficacité d'une fusion l'absence de crise est « *faux, sans intérêt, voire aberrant* ». Pire, nier la crise dans les OFA serait périlleux, voire source d'échec de la fusion. L'OFA ne constitue pas un « *acte normal de gestion... C'est bien plus que cela et il faut veiller à ne pas en sous-estimer la complexité et son caractère critique et traumatique* ».

Il appartient donc aux managers de se montrer vigilants sur ce point. Ils doivent avertir leur hiérarchie que la crise est inévitable et nécessaire. Ils ne doivent pas être jugés sur l'absence de crise. Mais cette position sera difficile à tenir, tant la crise reste étrangère à la culture de performance et de bonne gestion.

Troisième mesure : accompagner les salariés

Les mesures de gestion de la crise lors d'OFA sont classiques. Citons les plus fréquentes :

- reconquérir une identité ;
- redonner du sens ;
- accompagner le personnel ;

- rétablir le fonctionnement de l'entreprise ;
- renforcer l'engagement de la direction.

Pour traiter une crise, les experts[209] proposent aussi une approche fondée sur le traitement des ruptures et les discontinuités individuelles ou collectives. Ainsi, les ruptures doivent évoluer vers un changement associant les différents acteurs au-delà de l'angoisse et de la catastrophe. Les groupes anglo-saxons appliquent souvent cette préconisation.

La gestion des crises implique aussi un fort leadership. Lors des OFA, les présidents sont, de l'avis quasi unanime des praticiens, « *forts présents lors des fusions. On les voit plus qu'en rythme normal de la vie d'entreprise. C'est d'ailleurs leur œuvre* ».

Chapitre 8

La gestion des ressources humaines

Souvenons-nous : les OFA sont des opérations de croissance externe visant à acquérir et à intégrer de nouveaux actifs matériels et immatériels. Or parmi ceux-ci, les ressources humaines constituent un actif majeur : « *Par la fusion, les présidents redécouvrent qu'il y a un vrai capital humain dans l'entreprise et qu'il faut le gérer de près… Autrement, la fusion risque de ne rien valoir.* »

Nous traiterons dans ce dernier chapitre des problématiques spécifiques à la gestion des ressources humaines (GRH). Elles concernent en premier lieu les spécialistes de la fonction, mais également d'autres acteurs comme les dirigeants, les partenaires sociaux et les managers « *En période de fusion, la DRH est une fonction encore plus partagée qu'à l'accoutumée.* »

Nous tenterons de fournir aux managers des repères pour l'action et une synthèse des *best practices*.

Bien entendu, les pratiques ne sont pas parfaitement homogènes et dépendent notamment de la culture d'entreprise. Elles sont également conditionnées par l'existence de systèmes juridiques différents. Ainsi, le plan de réduction d'effectifs ou la consultation des syndicats lors d'une OFA est plus large en Allemagne qu'en France du fait du système de codétermination. Toutefois, au moins dans l'UE, des pratiques convergentes émergent.

Un double portefeuille à gérer

La GRH dans les OFA est perçue par notre panel de DRH comme une activité : « *centrale, majeure des fusions* ».

« *Qui n'a pas entendu ou lu que le facteur humain était essentiel dans la gestion des fusions ?* »

Nombre de spécialistes s'accordent à reconnaître que la mauvaise prise en compte du facteur humain demeure une cause majeure d'échec des opérations[210] : climat social tendu, démission en masse, adhésion massive aux plans sociaux, luttes internes…

La GRH dans les fusions est appréhendée comme « *complexe, périlleuse, tant politiquement que techniquement, et doit être conduite dans un contexte d'urgence et de tension… C'est un moment qui peut être lourd, voire désagréable dans nos métiers* ».

Le portefeuille classique de GRH

Les entreprises les plus performantes veillent tout particulièrement à continuer à gérer les ressources humaines des deux entreprises pendant les trois périodes : les fiançailles, le mariage et l'union. Elles mobilisent alors toutes les fonctions classiques de la GRH « *comme si rien ne s'était passé… ou presque* ».

Les moins performantes se focalisent sur la nouvelle société. Elles « négligent » la gestion des sociétés historiques et gèlent, volontairement ou non, les engagements RH antérieurs à la fusion – par exemple les promotions, la mobilité. Ce non-respect des engagements, cet arrêt de la GRH des sociétés historiques dans l'attente du fusionnement est particulièrement mal vécu par les salariés.

Une GRH ès fusion

Les DRH investissent aussi lors des OFA des chantiers ne relevant pas du portefeuille classique de GRH.

Le processus d'OFA requiert en effet des savoir-faire particuliers (voir figure 2). La nouveauté de ce portefeuille réside soit dans les contenus, soit dans les modalités d'exercice. Cet ensemble constitue ce que nous appellerons une « GRH ès fusion ». Elle recouvre principalement cinq chantiers :

- les relations sociales ;
- la gestion des dirigeants ;
- l'audit RH ;
- la gestion du stress ;
- la gestion de l'emploi et des carrières.

Les mesures de GRH ès fusions peuvent être rapprochées du concept d'« *hyper GRH* »[211] : la GRH s'intensifie à mesure que les variables de base se complexifient. Une organisation étoffée de la DRH apparaît lors des OFA : « *Un gestionnaire RH gère moins d'effectifs que d'habitude. Il peut ainsi être plus proche des individus et faire du suivi plus personnalisé.* »

Les dirigeants considèrent que la GRH est partie prenante de l'OFA : « *Son dysfonctionnement peut entraîner un arrêt de l'opération de fusion* » ou générer des stratégies de retrait, de blocage ou de démission[212] parmi les salariés.

En cela, même si elle n'est pas, selon nos analyses, impliquée dans la définition de la stratégie d'OFA, ni d'ailleurs dans le choix de la cible, la DRH est pourtant perçue comme un acteur stratégique.

Figure 2 : La GRH dans les OFA selon les trois temps

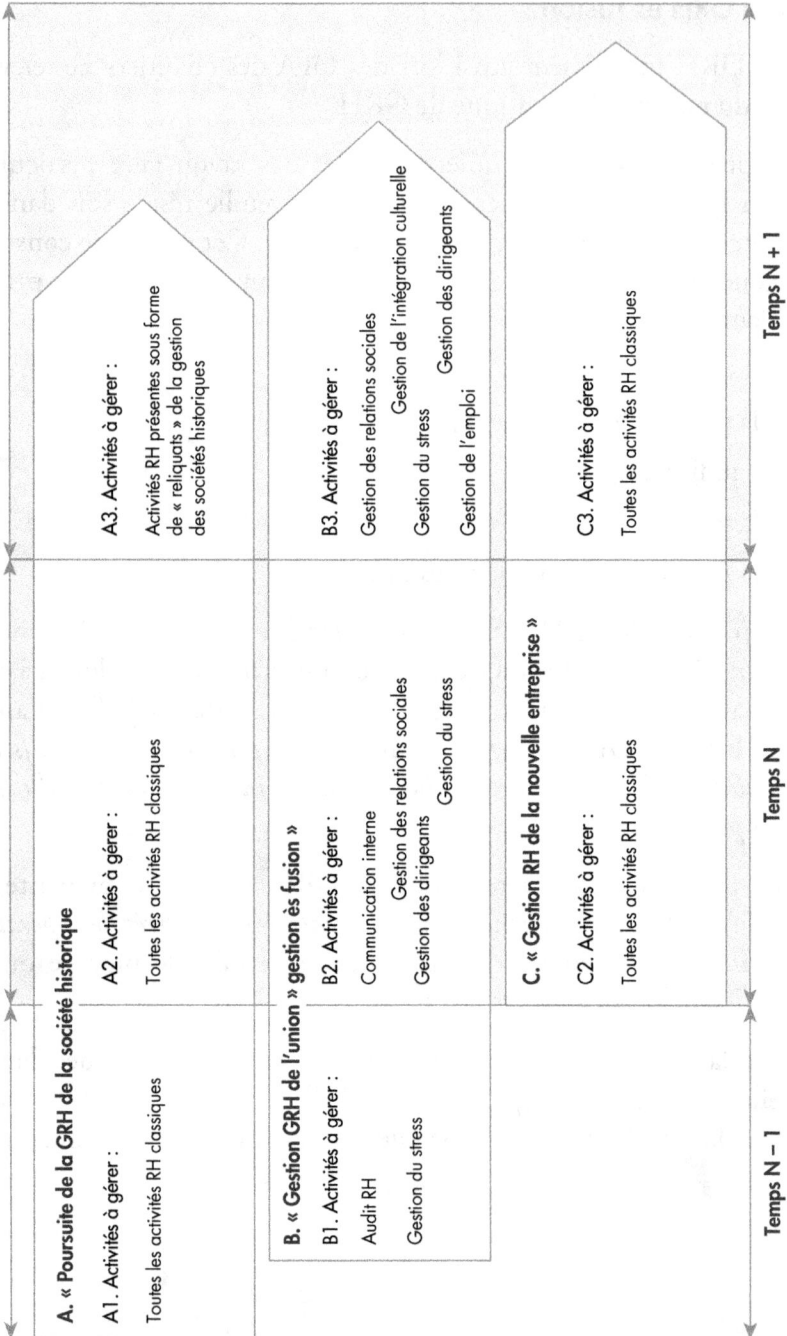

A. « Poursuite de la GRH de la société historique

A1. Activités à gérer :

Toutes les activités RH classiques

A2. Activités à gérer :

Toutes les activités RH classiques

A3. Activités à gérer :

Activités RH présentes sous forme de « reliquats » de la gestion des sociétés historiques

B. « Gestion GRH de l'union » gestion ès fusion »

B1. Activités à gérer :

Audit RH

Gestion du stress

B2. Activités à gérer :

Communication interne

Gestion des relations sociales

Gestion des dirigeants

Gestion du stress

B3. Activités à gérer :

Gestion des relations sociales

Gestion de l'intégration culturelle

Gestion du stress

Gestion des dirigeants

Gestion de l'emploi

C. « Gestion RH de la nouvelle entreprise »

C2. Activités à gérer :

Toutes les activités RH classiques

C3. Activités à gérer :

Toutes les activités RH classiques

Temps N – 1 Temps N Temps N + 1

Un chantier prioritaire : la gestion des relations sociales

Un climat social hérité et créé

Les praticiens soulignent l'importance du climat social « hérité », préexistant à l'OFA dans chacune des entreprises :

— *« L'ambiance générale est le fait, au moins au début de la fusion, de l'héritage des deux sociétés. »*

— *« La fusion ne fait pas oublier les conflits anciens, ou au contraire les réussites du dialogue social. Le choc de la fusion sera appréhendé sur cette base. »*

L'attitude des syndicats

Globalement, les organisations syndicales semblent assez « neutres » face aux mouvements de fusions. Les praticiens ont souvent le sentiment de se trouver face à des partenaires résignés, qui ressentent leur impuissance : *« Cette résignation s'alimenterait de la difficulté à saisir et à juger la validité du raisonnement stratégique du président. Comment récuser et mobiliser les salariés à propos d'un projet qui promet l'expansion de l'entreprise et donc sa pérennité dans la croissance ? »*

Les heurts sont généralement peu nombreux et se traduisent souvent par la demande de recours à un expert. Les actions plus significatives, comme l'appel à la grève, sont encore plus rares. Le déclencheur majeur de la fièvre sociale reste évidemment l'emploi ou la défense « patriotique » de l'entreprise cible, par exemple lors de l'offre de BNP sur Paribas et la Société Générale, de Mittal Steel sur Arcelor, ou encore de Vodafone sur Mannesmann, où les syndicats ont contesté l'opération.

Les représentants du personnel des entreprises fusionnées se rencontrent et découvrent progressivement leurs différences et les caractéristiques des systèmes sociaux dans lesquels ils agissent. La coopération entre eux n'est pas toujours aisée.

Cette confrontation est souvent source de perplexité, voire d'incompréhension[213].

> En Allemagne, le **président du comité d'entreprise** est obligatoirement un salarié élu par ses pairs, tandis qu'en France, c'est obligatoirement le P-DG. Pour l'anecdote, un syndicaliste allemand, président de son comité d'entreprise, avait écrit à son « homologue » du comité d'entreprise français pour tenter de monter une opération commune destinée à contrer… les projets du P-DG. Il n'a jamais obtenu de réponse !

Un contre-exemple souvent cité de coopération fertile est celui d'Aventis, où syndicats allemands et français ont réussi à formuler des déclarations communes.

Structure européenne

Dans ce contexte flou pour les syndicats, un nouvel acteur émerge : la structure européenne[214]. Les syndicats nationaux se tournent de plus en plus vers leurs collègues de la fédération européenne de leur branche. Ainsi, il apparaît que les OFA ont pour conséquence imprévue de susciter la construction plus rapide du syndicalisme européen. Ce mouvement tend à se renforcer. En effet, les dirigeants qui négocient un accord de la Commission européenne pour leur projet de fusion découvrent que la neutralité bienveillante ou mieux, l'appui des partenaires syndicaux, constitue un atout supplémentaire. L'autorité européenne, soucieuse de maintenir et de développer un modèle social européen, apprécie beaucoup les dossiers où dirigeants et syndicats sont d'accord[215].

Les grands travaux

Le chantier des relations sociales se décline en un trio de travaux prioritaires.

La consultation des Instances Représentatives du Personnel (IRP)

Dans la majorité des systèmes juridiques, les partenaires sociaux doivent être informés et consultés en amont du projet de fusion. Eu égard à l'importance stratégique des fusions, les DRH semblent adopter une approche très pro-active. Cela les conduit parfois à une implication, au-delà des obligations légales, des partenaires sociaux. Ces derniers n'exercent pas pour autant une influence déterminante sur l'OFA : l'avis des représentants du personnel reste consultatif (sauf dans certains cas, comme dans le système allemand de codétermination, où leur accord est requis). (*cf.* chapitre « Dimension juridique »)

L'obligation de renégociation des statuts après la fusion

Cette question, imposée par le droit, est également importante[216]. Les syndicalistes sont naturellement enclins à comparer les situations sociales des deux entreprises qui fusionnent. La tentation est grande de revendiquer et de négocier la construction d'un accord social qui ne retiendrait que les meilleurs aspects pris dans chacune des anciennes entreprises. Le système d'intéressement de l'une s'ajoutant au régime de retraite complémentaire maison de l'autre, et ainsi de suite…

Ce chantier présente pour les praticiens une réelle source d'incertitude et de travail considérable. Il est en effet souvent accompagné d'un réel bouleversement des contenus des statuts. Quatre raisons à cela sont mises en avant : la différence des accords collectifs entre les sociétés fusionnant, la volonté des présidents de « toilettage » des accords au-delà de leur différence, la volonté de remise en cause de certains acquis ou au contraire de choisir le meilleur statut afin d'assurer à la « *nouvelle société un climat de naissance propice* ». Chez AGF Allianz, cela s'est traduit par la remise en cause de certains acquis comme les fonds de pension maison[217].

La réorganisation des IRP

La fusion implique également de « fusionner » les instances sociales des entreprises intégrées. Dans la plupart des pays européens, ce sujet est régulé par les conventions collectives ou par le législateur.

Cette opération est néanmoins perçue comme délicate, du fait des enjeux sous-jacents. Nous en avons dénombré quatre majeurs :

- la sécurisation de la carrière syndicale des représentants du personnel ;
- la volonté de la direction de rééquilibrer à l'occasion d'une OFA la cartographie syndicale ;
- l'exigence des représentants du personnel de l'entreprise absorbante de ne pas être dilués parmi les élus de l'entreprise absorbée ;
- la nécessité d'assurer en parallèle de la mise en place des nouvelles instances le fonctionnement régulier des institutions des entreprises historiques.

On peut dès lors aisément imaginer la complexité de telles opérations pour les managers : « *Il faut gérer, en conformité avec le droit et dans le respect des équilibres "politiques" et des stratégies de survie des différents représentants du personnel, la fusion des instances représentatives. Il faut ainsi gérer les problématiques de doublons de postes sans casser le climat social et tout en poursuivant les activités classiques de gestion des relations sociales.* »

Pour faciliter la conduite de ces travaux, les entreprises constituent souvent des groupes de négociation *ad hoc* ou des instances de concertation temporaire.

Chez **Total Fina Elf**[218], une instance de concertation temporaire a été créée pour faciliter la mission des IRP (préparation des négociations et des réunions, étude de l'harmonisation des pratiques). De son côté, le rapprochement **Agf**, **Allianz** et **Athena**[219] a été immédiatement suivi par la création d'un groupe de dialogue social, supplanté par une unité économique et sociale (UES). Celle-ci a permis de donner aux salariés un statut commun, de les souder et de faciliter les mobilités entre les structures, évitant ainsi les démissions pour passer de l'une à l'autre. De nombreuses autres sociétés comme **BNP Paribas, Aventis** ou **Sanofi-Synthelabo**[220] ont, elles aussi, créé des structures de concertation *ad hoc*.

La coopération ainsi organisée entre les partenaires sociaux des deux entreprises n'est pas toujours aisée, du fait des rivalités internes et des différences de statut, en particulier dans les fusions internationales. Par exemple, en Allemagne, le président du comité d'entreprise est un représentant du personnel, tandis qu'en France, c'est le P-DG lui-même. Les syndicalistes présents dans les conseils de surveillance allemands sont informés dès le début des projets de fusion. Ils doivent alors se prononcer et voter. La fusion des différentes philosophies est difficile à gérer pour les syndicalistes et les DRH.

Enfin, concernant les matières relevant du droit individuel, elles sont considérées comme relativement faciles à gérer, ou extrêmement réglementées par les systèmes juridiques. Le droit est perçu ici comme une source de stabilisation :

– *« Cela évite de partir dans des négociations sans fin. »*
– *« Le L. 122-12 est bien pratique. »*

Sur ce dernier point, on pourra se référer au chapitre du présent livre relatif à la dimension juridique des OFA.

La gestion des dirigeants

Une gestion « sur mesure » et prioritaire

Les dirigeants sont perçus comme des acteurs très particuliers de l'OFA : *« Artisans clés ou bloqueurs potentiels du projet de fusion, ce sont des "key people", dont la présence au sein de la nouvelle entreprise crée de la valeur, figure emblématique de la nouvelle entreprise. Il faut les gérer avec doigté »*, reconnaît le DRH d'un groupe suisse.

La gestion des dirigeants semble donc être caractérisée par une gestion « sur mesure ». Elle représente une activité importante : *« La gestion des dirigeants est un sujet sensible. Tout dysfonctionnement est perçu par le président comme un grave problème. Là, l'entreprise se souvient qu'il y a un vrai capital RH. »*

Les gestionnaires des top executives

La GRH des dirigeants de premier niveau[221], présidents et mandataires sociaux, est le plus souvent assurée par le conseil d'administration. Les DRH sont peu impliqués.

Les dirigeants de premier niveau sont dans la plupart des cas les auteurs de l'OFA ou au moins des protagonistes de la première heure. L'enjeu de gestion sera alors le plus souvent lié au nouveau statut (périmètre du nouveau poste, package de rémunération, etc.). Les mesures font souvent l'objet de publicité : soit du fait de la loi lors des Assemblées d'actionnaires, soit du fait de médiatisation « *sauvage* », pour reprendre les termes d'un dirigeant. La presse se fait de plus en plus le relais de telles informations lors de méga-fusions, par exemple en Allemagne lors de la fusion Vodafone/Mannesmann, Daimler/Chrysler ou autre Pechiney/Alcan[222].

La société absorbée disparaissant à l'occasion de la fusion, les dirigeants mandataires sociaux perdent alors *ipso facto* cette qualité. La loi permet, afin d'éviter une « guerre des chaises musicales », une modification du nombre légal des membres du conseil de surveillance.

Les gestionnaires des dirigeants de second rang

La GRH des dirigeants de second niveau[223] est majoritairement assurée par le DRH et le président du groupe (ou la direction générale).

Cette catégorie de dirigeant n'est pas systématiquement impliquée dans les premières étapes de l'OFA : ainsi, dans la fusion Daimler/Chrysler, une partie du directoire a découvert « *au dernier moment* » le projet de fusion. On peut imaginer leur étonnement, voire leur stupeur et leur inquiétude… En revanche cette catégorie est toujours très « impactée » par la mise en œuvre de la fusion : « *Ces dirigeants doivent la porter, l'expliquer et ils sont aussi concernés directement par les doublons de leur poste.* »

Les principales mesures de gestion des dirigeants

Elles s'articulent autour de la rétention, de l'éviction et de la sélection.

Les mesures de « rétention »

De l'avis des praticiens, tout comme des spécialistes de gestion[224], l'enjeu de « conservation » est considéré comme essentiel. L'OFA est réalisée dans le but de créer de la valeur, ce qui ne peut se faire sans l'adhésion des dirigeants, surtout dans des secteurs où l'intensité capitalistique est faible. Il est donc fondamental de garder ces ressources humaines clés.

Il semble aussi important de les conserver pour ne pas restreindre la taille de l'échantillon dans lequel le président pourra choisir les futurs nouveaux dirigeants : « *On est au début des fusions dans une période trouble. On sécurise les VIP et après on décidera de leur sort* », reconnaît un président. Il faut aussi assurer la présence symbolique des dirigeants le temps de la réalisation de l'OFA : « *Même s'ils ne veulent plus s'impliquer dans le projet, le départ de ces dirigeants pourrait déstabiliser les salariés ou les clients, donc on les retient.* »

Quatre types de mesures RH sont mis en œuvre pour motiver les dirigeants à rester.

D'une part, des mesures managériales à effet de « *team building* » sont développées. Il s'agit de « *comités d'intégration dans lesquels les dirigeants ont la possibilité d'élaborer ce qui va leur sembler utile, nécessaire pour la future entreprise ou la gestion de la fusion* ».

D'autre part, les entreprises ont recours à des mesures contractuelles, notamment les « *menottes dorées* » : « *On ajoute un quasi CDD au CDI, les dirigeants s'engageant à rester dans l'entreprise, à ne pas démissionner pendant un certain laps de temps en contrepartie d'un salaire supplémentaire.* » Ces mesures rejoignent celles préconisées par Walsh[225].

À l'instar de certains auteurs[226], les entreprises désignent une personne chargée de « retenir » les dirigeants velléitaires. Aussi étrange que cela puisse paraître, cela concerne non seulement l'entreprise absorbée – celle où le risque de départ pourrait paraître plus important –, mais également l'entreprise absorbante : « *L'arrivée de nouvelles équipes dans le périmètre de l'entreprise peut parfois créer des séismes, des risques de doublons déstabilisateurs… et l'envie d'aller voir ailleurs.* »

Enfin la « conservation » et la gestion des dirigeants impliquent également un effort de formation particulier. Au tout début de l'OFA (N + 1), deux types de formation semblent pratiqués : les formations d'intégration, alliant souvent séances de travail et activités ludiques afin de faciliter les relations entre les hommes des deux entités et pour que les collaborateurs comprennent leurs cultures respectives[227] ; et les formations interculturelles et linguistiques (surtout dans les fusions internationales).

Les mesures d'éviction

Les entreprises ont le souci de neutraliser les dirigeants « réfractaires à l'OFA » : « *Une fusion marche si nous gardons les ressources humaines clés qui vont faciliter l'intégration et si nous sortons au plus vite celles qui vont bloquer l'intégration.* »

Les entreprises semblent préférer la sortie pure et simple de l'entreprise à toute réaffectation au sein de la nouvelle entité. Les licenciements avec transactions sont privilégiés.

La sélection des dirigeants de la nouvelle société

Les modalités de sélection des dirigeants dits de « premier niveau », c'est-à-dire ceux de l'entourage immédiat du président, restent assez « secrètes ». La DRH est peu consultée et ne joue pas de rôle décisionnel majeur. C'est majoritairement la « chasse gardée du président ». Ces dirigeants sont surtout choisis par ce dernier.

Si l'opération de concentration s'effectue dans un secteur nouveau pour l'entreprise absorbante, les dirigeants historiques sont souvent maintenus, soit comme salariés (ou mandataires sociaux), soit comme conseillers.

En revanche, les dirigeants N - 2 et N - 3 font l'objet d'un processus de sélection beaucoup plus élaboré. Les critères de choix de ces dirigeants de la nouvelle entreprise dépendent principalement du modèle d'intégration retenu pour l'OFA.

Dans le cas de l'assimilation, le dirigeant leader impose souvent ses propres collaborateurs. Dans celui de l'intégration, la volonté de respecter la parité est fréquente[228]. Dans les cas d'« intégration mixte », le recours à des « critères fonctionnels » est prédominant : les postes sont répartis en fonction d'éléments supposés objectifs.

Enfin, pour les OFA « stand alone », les dirigeants en place sont maintenus, car ils « *connaissent mieux l'entreprise et il ne faut pas les changer. Notre seule intervention en tant que patron consiste à rencontrer régulièrement les dirigeants, ceci pour garder le contact et faire le point sur les objectifs* ». Ce modèle est utilisé surtout « *quand on achète un business différent du sien ou qui marche notoirement bien* ».

L'annonce de la nomination des dirigeants dans le nouvel organigramme exerce un impact interne et externe important. Elle donne le sentiment que l'entreprise est en ordre de marche. Du fait de la création d'une nouvelle entreprise, un nouvel organigramme est nécessaire avec les nouvelles affectations pour « *déterminer qui sera responsable des sites du nouveau groupe et quelle sera la répartition des responsabilités au niveau du management général* ». C'est aussi un pacte pour « réussir ensemble »[229] : « *Pour des raisons d'affichage, d'expression du nouvel équilibre entre absorbé et absorbant, choisir un dirigeant de l'entreprise absorbée, absorbante ou extérieure, comme dirigeant de la nouvelle entreprise n'est pas neutre.* » De nombreuses entreprises établissent d'ailleurs les organigrammes (confidentiels) avant l'officialisation de la fusion.

La majorité des entreprises communique rapidement les noms des nouveaux dirigeants[230]. L'organigramme doit être présenté le plus rapidement possible après la fusion pour réduire les incertitudes et donner une orientation au nouveau groupe constitué[231]. « Premiers nommés ou débarqués », pour reprendre le mot d'un praticien, les dirigeants font l'objet d'une gestion prioritaire.

L'audit RH dans les OFA

Typologie des audits

Les audits de « due diligence »

L'audit « Ressources humaines » est très largement utilisé dans les OFA dans le cadre de la *due diligence*.

Les domaines audités devraient, selon les experts, porter principalement[232] sur la structure des salaires, les prestations sociales, les clauses contractuelles, la structure moyenne d'âge et le niveau de qualification, le marché de recrutement, le turnover, les relations avec les syndicats, enfin les retraites.

En pratique, ces audits de *due diligence* RH portent sur l'analyse et l'évaluation des risques sociaux encourus :

- climat social ;
- contentieux judiciaire ;
- conflits du travail ;
- passif social (engagements de retraite, assurances sociales et autres engagements) ;
- risques médiatiques ;
- plans sociaux.

Les audits culturels

Certains auteurs proposent d'auditer aussi la culture de l'entreprise cible à partir de trois grandes dimensions[233] : structurelles, politiques et émotionnelles.

Les premières concernent l'âge de la société, sa taille, son histoire, ses capacités technologiques, son type d'actionnariat, son secteur d'activité ou sa localisation géographique.

Les dimensions politiques renvoient à la culture des sociétés et déterminent l'organisation de pouvoir interne à l'entreprise ainsi que le mode de prise de décision dominant. Des sociétés dont les positions seraient trop éloignées risqueraient de fusionner « dans la douleur », les différences occasionnant de nombreux conflits et divisions au sein du nouveau groupe constitué.

Enfin, les dimensions émotionnelles recouvrent les sentiments que les individus ont pour l'entreprise mais aussi le leadership, le style de management, le degré d'autonomie de l'encadrement intermédiaire ou le degré d'implication des salariés.

L'audit culturel est très peu pratiqué. S'il l'est, c'est dans la phase *post-merger* dite de l'union, et quasiment jamais en amont. Des difficultés sont évoquées : celles d'ordre technique ne permettent pas de cerner *in situ* la donne culturelle ; celles d'ordre politique limitent la restitution des résultats auprès de dirigeants auteurs de la fusion et « *peu enclins à investir du temps sur des sujets aussi flous et littéraires* ».

Les audits de synergies

Nous avons repéré un troisième audit lors des OFA : celui des synergies RH. Il est réalisé lors de la phase *pre-merger*. Il est peu utilisé, ou sinon « *trop rapidement et avec peu de moyens techniques* ».

La portée des audits

La portée de tous les audits semble « scientifiquement » et politiquement limitée[234]. Plusieurs raisons sont fréquemment citées.

Ainsi, les audits sont effectués trop rapidement : « *Nous n'avons pas le temps d'effectuer un audit en détail, nous passons à côté de toute la problématique de culture de l'entreprise et nous sommes peu armés en moyens logistiques et en expertise pour réaliser ce type d'audit.* »

Ils sont en outre peu précis : « *Écrire les choses pourrait ensuite servir de support à des restructurations ou licenciements, ou remettre en cause l'opportunité de la fusion et devenir ainsi un élément de contestation du dessein du président...* »

Par ailleurs, les circuits classiques d'information sont trop souvent perturbés pour permettre la remontée d'informations fiable et les audits sont subjectifs. La société ciblée peut choisir ce qu'elle communique aux auditeurs, les achetés ayant tendance à « survendre » leur image. Les auditeurs ne veulent pas non plus casser l'image de l'entreprise cible sur laquelle le président « *jette son dévolu* ».

Enfin, la confidentialité et l'obligation de réaliser ces audits sans troubler l'ordre social interne à l'entreprise complexifient la collecte des informations : « *Voir des auditeurs du concurrent passer dans les ateliers déclenche immédiatement la rumeur de fusion et des questions lors du prochain CE.* »

Le problème des audits « Ressources humaines » résiderait ainsi dans le degré de validité des informations recueillies. Les vrais problèmes d'intégration ne pourraient en effet être découverts que lors de la période d'intégration et seulement très rarement lors de la période d'analyse et d'audit[235].

La gestion du stress

Le concept de stress fusionnel

Les OFA sont vécues par les salariés comme des opérations particulièrement stressantes, perturbant l'équilibre individuel et collectif[236]. Certains spécialistes évoquent même la formation d'un stress fusionnel[237]. Celui-ci trouverait sa source dans la combinaison de l'incertitude et du doute liée à la situation d'ambiguïté que vivent les acteurs de l'OFA, à la disparition de repères identitaires, à la surcharge de travail et à l'intégration dans un environnement nouveau.

Un stress polymorphe

Le stress apparaît comme une réalité vécue de façon différente en fonction de la catégorie des salariés et de la période d'OFA.

Le stress des dirigeants

Il serait lié à :

▷ la peur de perdre son emploi ;

▷ la fin des schémas d'adaptation déjà utilisés et en particulier le sentiment de perte de contrôle ;

▷ une surcharge de travail et en particulier un double rythme de travail du fait de la pluri dimensionnalité des OFA : « *Continuer à gérer le quotidien et à gérer le processus de fusion* » ;

▷ la perte d'affiliation, en particulier la perte réelle ou potentielle des hiérarchiques promoteurs de leur carrière.

Notons que le stress d'acculturation (affiliation, perte de sens) est faible chez les dirigeants. Ils n'éprouvent guère de perte d'identité : « *Les dirigeants ont une perception très individuelle, intégrée, de leur identité. Le sens de l'entreprise est pour eux confondu avec le sens de leur propre carrière. Leur principale inquiétude au-delà de la perte d'emploi est de savoir à qui ils rapportent et qui va gérer leur carrière – l'affiliation.* » Un autre praticien d'ajouter : « *Dans la mesure où ils sont acteurs, voire auteurs de la fusion, les dirigeants ne voient pas la fusion comme destructrice d'identité.* »

Le stress des salariés

Le stress des salariés directement concernés par la fusion s'expliquerait principalement par :

▷ la peur de perdre son emploi ;

▷ la perte de repères (sentiment de perte d'identité personnelle, changement d'environnement, de collègues, de procédures de système d'évaluation des compétences) ;

▷ la surcharge de travail ;

▷ la perte d'identité de l'entreprise, dans sa fonction de construction communautaire.

On retrouve ici l'approche de R. Sainsaulieu[238]. Un directeur général de groupe de services de compléter : « *Il y a en particulier une perte du sens de l'entreprise, surtout quand il y a confrontation aux "ennemis d'hier"* » (principalement dans les fusions horizontales).

Quant aux salariés non directement affectés par l'OFA, leur stress semble principalement dû à la perte des repères « *liée à une modification de l'image de la nouvelle entreprise, à la redistribution des pouvoirs, à une redéfinition des organigrammes, à un repositionnement des business stratégiques ou non. Mais il n'y a pour eux pas d'inquiétude première sur le devenir de leur emploi, ni sur de nouveaux chantiers, ni de mission à jouer* ».

La peur de perdre son emploi existe cependant aussi chez cette catégorie de salariés : « *Même s'ils ne sont pas directement concernés par la fusion et ses doublons, ces salariés ne sont plus dans une posture de spectateurs, mais, en arrière-pensée, attendent leur tour.* »

Tous ces facteurs de stress – principalement une surcharge de travail, incertitude, perte de repères – confirment les analyses de nombreux auteurs[239].

La réalité du stress évolue dans le temps

Pendant la période des fiançailles (temps N - 1), le stress est fort pour les dirigeants et non significatif pour les autres catégories. L'OFA est encore « confidentielle ».

Lors du temps de mariage (temps N), le stress est également élevé pour les dirigeants et les collaborateurs concernés par la fusion, mais peu significatif pour les autres.

Le stress fusionnel correspond donc en premier lieu à un stress d'information. Cela tendrait à prouver que les OFA génèrent spontanément des images négatives et anxiogènes. Elles s'inscriraient dans l'inconscient collectif comme mythe négatif : « *Dès l'annonce du projet de fusion, on tombe en crise.* »

Le stress est très présent dans le temps de la vie de couple (temps N + 1). On distingue un stress particulier pendant la première sous-période de N + 1, c'est-à-dire celle où, pour reprendre les termes d'un praticien, « *il faut s'investir, faire comme si la fusion était réalisée, tout en ayant en arrière-pensée l'idée que les autorités publiques ou les actionnaires peuvent la refuser et que tout le travail fait sera annulé* ». Un autre praticien ajoute : « *C'est un formidable pari qui est à prendre à ce moment, mais un pari qui n'est pas toujours bien vécu par les individus.* »

Cet écart de perception entre les différents groupes de salariés amplifie les difficultés de communication et de compréhension mutuelle. Il est vécu comme un traumatisme par des salariés devenus méfiants.

Techniques de gestion du stress

Les pratiques de gestion du stress se sont particulièrement développées ces dernières années notamment dans les pays germaniques et anglo-saxons.

Les législateurs ont créé récemment des chefs de responsabilité nouveaux tels que le harcèlement moral et la mise en danger de la vie d'autrui, qui ont milité pour une meilleure prise en compte des problématiques de stress.

Une présence intrinsèque

Pour certains auteurs[240], on peut au mieux maîtriser les facteurs de stress, mais en aucun cas les supprimer lors des OFA.

Très souvent, le stress est « caché » par les collaborateurs, en particulier parmi les cadres et les dirigeants. Il semble culturellement très difficile de pouvoir s'avouer « stressé ». le stress est vécu majoritairement dans l'entreprise comme un « point faible ». Les cadres interrogés disent ressentir une forme « *d'interdiction de craquer, d'interdiction de non-disponibilité, car la fusion est l'œuvre d'un président, c'est l'avenir historique d'un groupe* ».

« *Qui oserait par une faiblesse physique ou nerveuse remettre cela en cause ?* »

Quand il n'existe pas de déni absolu, on trouve alors, dans la majorité des cas, une sous-estimation du stress et de ses conséquences. Les praticiens s'estiment « *dépourvus de moyens très efficaces pour gérer le stress, parce que la boîte à outils du praticien est assez faible sur ce sujet et qu'on se situe sur des terrains délicats dans l'entreprise : le psychologique et le médical* ».

Deux axes de gestion du stress

Les entreprises investissent majoritairement l'axe managérial et l'axe psychologique.

Dans le cadre du premier, les entreprises renforcent la communication interne, créent une *task force* « fusion-intégration » et nomment plus rapidement les managers. Ces mesures sont censées produire des effets limitateurs du stress. Elles visent à redonner au plus vite des repères et du sens aux collaborateurs. Ces pratiques convergent avec l'analyse des auteurs ayant relevé la communication comme agent « destresseur » en période d'OFA[241].

L'axe psychologique, lui, prévoit des mesures de coaching (à forte composante comportementaliste) et des formations de relaxation. L'implication des médecins du travail est assez souvent évoquée[242]. Tous ces dispositifs visent à rétablir ou à protéger l'équilibre psychique dans un environnement qualifié par ces intervenants de crise : « *On gère des problématiques psy de gens en crise.* »

Les praticiens redoutent le développement du syndrome de « l'ancien combattant » (passivité ou révolte, perte de confiance, émoussement de l'implication, indifférence ou dépression, angoisse), notamment quand les OFA ont entraîné de nombreuses restructurations. Les spécialistes de gestion ont en effet pu montrer les conséquences du stress de fusion sous sa forme psychosomatique[243].

La présence du stress lors des fusions donne une orientation un peu nouvelle à la mission de la DRH et du management. Ces derniers doivent intégrer des considérations psychologiques et individualiser leur gestion. Le lourd silence pesant sur le stress en rend la pratique difficile. Le recours à l'assistance externe s'avère quasi généralisé.

La gestion de l'emploi et des carrières

Les réductions d'emploi

Les fusions ont pour objectif affiché de créer des synergies. Ceci se réalise, notamment à travers des économies d'échelle et donc des suppressions de postes « en doublon »[244], mais aussi à travers des restructurations « hors doublons d'emploi », la fusion devenant alors un prétexte.

Ici émerge une nouvelle dimension des fusions : la volonté des dirigeants de faire évoluer leurs entreprises et de créer de véritables changements organisationnels qui, sans le choc fusionnel, n'auraient pu avoir lieu. Gérer une fusion constitue un vecteur de changement utilisé par les dirigeants pour des aspects dépassant le contexte strict de la concentration.

La presse se fait régulièrement l'écho de telles mesures : « *Suppression de 20 % des effectifs, soit 26 000 emplois, fermeture d'au moins six sites et ajustement des rythmes de travail dans les dix sites restants par exemple chez* **Chrysler**[245]. *La fusion* **AOM/Air Liberté** *s'est, elle, soldée par la suppression des lignes déficitaires et donc de quarante emplois de navigants sur six cents, la fin des CDD et des contrats d'intérim.* »[246]

Ce sujet de l'emploi affecte le climat social :

– « *Fusion rime trop souvent désormais avec plan social et réduction d'effectifs pour que personne ne s'inquiète. Les syndicats sont très sensibles à cette problématique. Ils veulent préserver l'emploi. C'est un sujet difficile, car les présidents se sont engagés sur des économies.* »

— « *Les salariés, à l'annonce d'une fusion, deviennent méfiants, atten-tistes, voire s'inscrivent dans des stratégies de repli et de défense.* »

Pour calmer les appréhensions, les directions annoncent de plus en plus souvent que l'OFA ne sera accompagnée d'aucun licenciement, ni même de plan social : « *Cela n'est plus politiquement correct. Il y a encore quelques années, réaliser une fusion sans suppression d'emplois était considéré comme du laxisme, de la non-gestion. Aujourd'hui, on préfère communiquer sur les chiffres d'économies et bien plus tard sur les réductions d'emplois.* »

Dans la pratique les entreprises, pour réduire les effectifs, ont tendance à privilégier la mobilité interne, les mesures d'âge, les départs naturels et la réduction du temps de travail[247].

Évolutions récentes

Ces dernières années, les entreprises ont ainsi considérablement évolué sur ce sujet. Contraintes désormais à assumer un rôle sociétal, très peu de sociétés se permettent de traiter la question de l'emploi comme une donnée secondaire. La création de valeur actionnariale ne peut plus être invoquée comme le seul motif de fusion. Négliger le social est considéré comme pouvant entraîner des conséquences redoutables sur la perception de la firme par les *stakeholders* (par exemple, lors de la fusion Aventis/Sanofi, où le Chancelier Schröder s'était inquiété publiquement des éventuelles réductions d'emploi et était intervenu politiquement), sur son image et à terme, sur sa valeur boursière. La boucle est ainsi bouclée…

Les salariés ont eux aussi évolué. Nous avons repéré que désormais de nombreux salariés souhaitaient bénéficier des mesures du plan social pour partir en préretraite, ou pour profiter d'indemnités de départ, espérant retrouver rapidement ailleurs un emploi satisfaisant. « *Quel dilemme pour ces syndicats qui, se battant contre le plan social, se heurtent à l'opposition de nombre de salariés !* », reconnaît un DRH interrogé.

© Groupe Eyrolles

La création de nouveaux emplois

Deux éléments permettent de relativiser quelque peu la vision « sombre » de l'emploi dans les OFA. D'une part, les praticiens reconnaissent bénéficier d'importants moyens pour gérer les sureffectifs, d'autre part, de nouveaux postes vont être créés du fait de l'OFA, par exemple dans la fusion Glaxo-SmithKline[248].

Les fusions entraînent des créations de nouveaux postes liés aux recherches de synergies, aux nouveaux business et aux fonctions liées à la holding. L'exemple le plus souvent cité concerne les créations de postes de « contrôle » comme les fonctions de « consoli-deur » ou de contrôleur de gestion : « *La taille du groupe a changé, il a fallu de nouvelles fonctions de contrôle.* » La gestion des emplois s'anime donc de dynamiques constructives et expansives.

Les démissions post-fusion contribuent à cet appel d'air. Les premières vagues de départs concernent essentiellement les commerciaux (informés avant les autres salariés par leurs contacts extérieurs). Les motivations à la démission trouvent un fondement dans l'incertitude et la peur que le nouveau dirigeant place en priorité ses hommes de confiance. La gestion des carrières impose donc une rétention des talents. L'enjeu de conservation des ressources clés s'avère essentiel.

Face à cette situation de relatif dynamisme de l'emploi, les entreprises adoptent deux comportements. Elles mettent d'une part une « *hyper gestion* » de certains postes.

D'autre part, elles « concèdent » une « *déréglementation transitoire* » pour une grande masse de postes. « *Chacun se débrouille pour sauver son poste et sa tête* », résume un cadre. Si les experts recommandent de définir le plus rapidement possible une politique volontariste de « *réallocation des effectifs* »[249], les DRH admettent être fortement « by-passés » par les opérationnels et les candidats au changement de poste. Un DRH a d'ailleurs qualifié cette situation de « *marché noir de l'emploi* ».

La « glaciation des carrières »

Ce terme d'un dirigeant d'un groupe italien résume bien une autre dimension de la gestion des carrières. En effet, celle-ci subit souvent un gel des évolutions intra et inter-entreprises, tant que les organigrammes ne sont pas établis et que les modalités de gestion des carrières ne sont pas posées. Cela affecte les mouvements, « *même décidés avant la fusion* », ce qui reste difficile à admettre pour les salariés[250]. L'ensemble de cette glaciation va contribuer à l'instauration d'un mauvais climat social.

Les différences de critères de gestion de carrière vont souvent créer de véritables chocs culturels : « *Chez nous, on n'arrivait jamais à un poste de directeur d'usine avant l'âge de 50 ans. En face, nous avons découvert plein de directeurs d'usine entre 30 et 40 ans. Beaucoup d'entre nous en ont conçu une certaine amertume.* »

Parallèlement, la répétition des OFA dans la vie des entreprises fait que les salariés gèrent de plus en plus « *prudemment les carrières* » : « *On ne se fâche plus, car je peux être racheté et me retrouver dans le même service. C'est ce que j'ai vécu en quittant Roussel, venant de Hoechst pour aller chez Rhône-Poulenc. Aujourd'hui, je suis avec mes collègues des trois anciennes boîtes chez Aventis !* » On pourrait ajouter que depuis l'interview, cette personne a encore bougé, tout en restant sur le même site, puisqu'elle travaille désormais chez Sanofi-Aventis !

Les nominations dans la nouvelle société

Les affectations sont dépendantes de deux critères majeurs : le modèle d'intégration (sur ce point, on pourra se référer au paragraphe ci-dessus relatif aux dirigeants) et des critères dits « fonctionnels », « *c'est-à-dire liés aux compétences requises par les fonctions dans la nouvelle société* ».

Nous avons repéré lors de nos différents entretiens un certain nombre de critères fonctionnels de nomination. Les voici par ordre de fréquence.

La compétence des candidats

« *C'est le meilleur professionnel qui a été nommé à chaque poste, indépendamment de sa nationalité et de sa société d'origine. Ce n'était pas un refus de l'équilibre global, mais la recherche d'une compétence incontestable de chaque équipe.* »[251]

Les priorités culturelles

Par exemple, plus de la moitié des praticiens confirment que les entreprises anglo-saxonnes souhaitent garder les postes de direction financière.

Les contraintes locales

Les postes à forte composante locale sont réservés à l'entreprise disposant de l'implantation locale la plus marquée.

Deux types de sélection

Pour réaliser les nominations sur la base de ces « critères fonctionnels », deux types de sélection sont pratiquées : une dite « éclair » et une autre dite « analytique ».

La sélection éclair

On nomme rapidement les cadres, sans recourir à d'autres évaluations que les avis personnels, inspirés des critères fonctionnels. Les tenants du système « éclair » déclarent qu'il permet d'aller vite pour réaliser une fusion : « *On ne peut laisser des postes clés dans l'attente de l'avis d'analystes.* » Le coût d'une « *erreur de casting est moins onéreux socialement, économiquement, que le temps perdu à la réalisation de cette intégration* ».

Ce système privilégie de fait le maintien des cadres, perçus comme « inchangeables » pour deux raisons identifiées lors de nos entretiens :

— « *Nous n'avons pas de remplaçants sous la main.* »
— « *Ils verrouillent tellement le système que les faire partir ferait partir une partie des collaborateurs ou une partie des clients.* »

La sélection analytique

Ici, l'évaluation des compétences des salariés est menée au regard des critères fonctionnels. On effectue un « re-recrutement interne » par la DRH elle-même avec l'appui du management, ou par des cabinets de recrutement : « *C'est une activité difficile à conduire, mais qui bien expliquée, est assez bien ressentie.* » Elle crée un sentiment de transparence, d'objectivité, surtout en cas de doublons de postes[252].

Le recours au système analytique semble motivé par un souci de transparence. C'est pourquoi il s'applique souvent aux entreprises relevant de fusions entre égaux. Il permet aussi d'effectuer des choix fondés sur les compétences. La durée de ce processus est en règle générale assez longue, de trois à six mois.

La rétention des hauts potentiels

La gestion des hommes durant les OFA se caractérise également par la nécessité de retenir les talents. À l'instar de ce qui se produit pour les dirigeants, l'enjeu de conservation des ressources non dirigeantes revêt un caractère essentiel. À ce niveau, ce sont tant des mesures individuelles (du type clause de rétention) que des mesures collectives organisationnelles qui sont pratiquées (mise en place rapide d'organisations rassurantes, confirmation des affectations, implication dans la mise en œuvre de la fusion, etc.).

Comme nous l'avons indiqué plus haut, l'OFA peut remettre en cause la définition même de l'excellence. Certains salariés et en particulier ceux qui avaient été reconnus comme de hauts potentiels peuvent se trouver confrontés brutalement à d'autres critères de carrière et d'excellence, ou au moins à un gel temporaire de la gestion des hauts potentiels, dans l'attente de l'émergence d'un nouveau modèle.

Conclusion

Les fusions sont devenues incontournables pour les entreprises et leurs salariés. Sans recours aux fusions, il est souvent impossible pour une entreprise de se développer rapidement, d'atteindre une taille critique et de montrer à la communauté financière que l'on peut mener à bien un projet stratégique. Les fusions sont aujourd'hui constitutives de la valeur des firmes et de leur équipe de direction et sont au cœur de leurs mouvements stratégiques.

Ces dernières années, la compétition sur le marché des fusions-acquisitions s'est accrue du fait de l'arrivée de nouveaux acteurs. Fonds de LBO, fonds d'investissement ou entreprises issues des pays émergents sont désormais des acteurs à part entière et capables de racheter des cibles de grande taille. Ils ne s'en privent d'ailleurs pas et concurrencent durement les grandes entreprises dans la compétition pour l'acquisition d'actifs.

Dans ce contexte, il est clair que les fusions d'entreprises sont loin d'être achevées. Certes, les vagues de fusions peuvent temporairement se tarir dans les périodes où le marché financier reflue, suite à des excès spéculatifs (comme ce fut le cas au début des années 2000 après l'éclatement de la bulle Internet), ou au sein d'un même secteur, dans les périodes de « digestions organisationnelles », mais pour ensuite repartir de plus belle et atteindre de nouveaux sommets.

Les fusions font désormais partie du quotidien de millions de salariés qui ont compris qu'elles étaient inéluctables et qui essaient de s'y adapter au mieux. À l'évidence, les fusions sont génératrices de stress, car elles remettent en cause les équilibres patiemment constitués. Elles sont un moment de crise majeure pour le corps social. Elles engendrent une véritable rupture de sens et sont très anxiogènes pour les salariés. C'est d'ailleurs probablement pourquoi les fusions ont une image si négative dans les médias.

Mais cette image négative est d'autant plus paradoxale qu'il n'est que rarement possible de porter un jugement sur l'impact global d'une fusion, simplement parce que l'on ne peut pas comparer ce qui est et ce qui aurait été sans fusion. Comment savoir ce que serait devenue une entreprise sans une fusion ? Aurait-elle réussi à se développer par croissance interne ? Aurait-elle été la proie d'une autre entreprise ? Certaines fusions sont indiscutablement des échecs, parce que l'on voit bien que les objectifs annoncés n'ont pas été atteints et que le groupe post-fusion n'est pas le leader mondial qu'il aurait dû être. En revanche, la plupart des grands groupes mondiaux que nous connaissons sont le produit de fusions. Certes, cela ne saurait montrer que les fusions sont en moyenne un gage de réussite, mais laisserait cependant penser que pour réussir et devenir un leader mondial, il faut fusionner.

De nombreux salariés ont désormais pris conscience que les fusions étaient également une source d'opportunités. Sur le plan interne, elles permettent de « rebattre les cartes » et créent de nouvelles options. Des départs négociés sont possibles et attirent souvent de nombreux candidats. Par ailleurs, les entreprises ont modifié leur discours et pour nombre d'entre elles, leurs pratiques. Les synergies de fusions ne peuvent plus désormais reposer sur les seules économies de charges de personnel.

Pour toutes ces raisons, les managers doivent désormais se former aux fusions d'entreprises et apprendre à gérer au mieux ces opérations, devenues très fréquentes. C'était d'ailleurs le principal objet de cet ouvrage que de présenter les fusions à travers l'étude des meilleures pratiques et de préparer les managers et les salariés à ces opérations. Comme toujours, le lecteur jugera.

Notes

1. Encyclopédie *Le petit Larousse 2003*, Larousse (2003).
2. *Dictionnaire des synonymes (en ligne),* Laboratoire Crisco-Université de Caen, CNRS.
3. Bournois F., Scaringella J.-L., Rojot J.-L., *les meilleures pratiques RH des entreprises du CAC 40*, Éditions d'Organisation (2007).
4. Les résultats de cette enquête, autres que ceux portant sur les fusions, ont été publiés dans l'ouvrage d'Albert É., Bournois F., Duval-Hamel J., Rojot J., Roussillon S. et Sainsaulieu R., *Pourquoi j'irais travailler,* Eyrolles (2006).
5. Morvan Y., *Fondements d'économie industrielle,* Économica (1999).
6. « L'Oréal n a jamais étudié autant d'acquisitions », *Le Figaro* du 31 août 2007.
7. Yago, G., Bates, M., Huang, W. & Noah, R. (2000). *A Tale of Two Decades: Corporate Control Changes in the '80s and '90s.* Milken Institute. http://www.milkeninstitute.org, Gilles Le Blanc, Fusions-acquisitions : faits stylisés et principales interprétations économiques, cours d'Economie industrielle 2003-2004, CERNA, Centre d'Économie industrielle, École Nationale des Mines de Paris, www.cerna.ensmp.fr. Certains auteurs distinguent plusieurs sous-vagues : P. Vernimmem, P. Quiry et Y. Le Fur (2005), *Finance d'entreprise*, Dalloz.
8. Source :
    Thomson Financial, http://www.lesechos.fr/medias/2007/0103//300127295.pdf
9. Source : *Les Échos*, 3 janvier 2007.
10. Mucchielli J.-L., *Multinationales et mondialisation,* Le Seuil, 1998.
11. Cohen E., « Le pouvoir des multinationales », *Alternatives économiques,* n° 189, février 2001.
12. *Der Spiegel, 2006.*
13. « Les fusions en question », colloque ESCP-EAP, mai 2001.
14. Bournois F., Duval-Hamel J., Roussillon S., *Préparer les dirigeants de demain,* Eyrolles (2008).
15. Roussillon S., « La gestion humaine des fusions », Conférence Ciffop (2004).
16. Cohen E. « Fusions, acquisitions : les voies du capital », *Sciences humaines,* n° 29, juin-juillet-août 2000.
17. Millot M., « le Pouvoir dans l'entreprise », conférence au séminaire des Vaux de Cernay, septembre 1999.

18. Urban S., Vendemini S., *Alliances stratégiques et coopérations européennes*, DeBoeck Université (2006).

19. Huault I., *Le management international*, Paris, La Découverte (1998).

20. Coutinet N., Sagot-Duvauroux D., *Économie des fusions et acquisitions*, La Découverte (2003).

21. Derhy A., « À quelles logiques obéissent les vagues de fusions-acquisitions ? », *Revue française de gestion*, n° 112, janvier-février 1997.

22. Adda J., *La mondialisation de l'économie*, La Découverte (1996).

23. *op. cit.*

24. Duval-Hamel J., « Le management des entreprises déréglementées », *in* Bournois F. et Leclair P., *Gestion des Ressources Humaines*, Économica, 2004.

25. Source : *Les Échos* du 16 mars 2007 et le *Financial Times* du 20 mars 2007.

26. Derhy A., « À quelles logiques obéissent les vagues de fusions-acquisitions ? », *op. cit.*

27. Cohen E., *op. cit.*

28. Bournois F., Duval Hamel J., Roussillon S.,Scarringella JL., « *Comités exécutifs, Voyage au cœur de la dirigeance* » Eyrolles (2006).

29. « L'Oréal n a jamais étudié autant d' acquisitions », *Le Figaro* du 31 août 2007.

30. Coase R. « The nature of the firm », *Economica* 4, novembre 1937.

31. Comme le soulignait E. Cohen, « *Fusionner, c'est acquérir de la croissance* » dans « Fusions, acquisitions : les voies du capital », *op. cit.*

32. Hymer S., *The international operation of national firms, op.cit.*

33. Coutinet N., Sagot-Duvauroux D., *op. cit.*

34. Husson B., *La prise de contrôle d'entreprises*, PUF (1987).

35. Porter M., « From competitive advantage to corporate strategy », *Harvard Business Review*, vol. 65, n°3, 1987.

36. *Le Figaro*, 31 juillet 2007.

37. *Les Échos*, 6 juin 2007.

38. Lemasle T., Tixier P.-E., *Des restructurations et des hommes*, Dunod, 2000 ; Egg G., « Fusions et GRH, les principes plus importants que les outils », *Revue française de gestion*, n° 131, décembre 2000. Pour exemple : « *Alcatel-Lucent : fusion douloureuse* », *L'Express*, 22 février 2007.

39. Par exemple, Scherer F. M., *Industrial market structure and economic performance*, Rand Mc Nally College Publishing Company, 1980.

40. Mer F., *in Le Monde*, février 2001.

41. *In* Yahoo, 19 février 2001.

42. « Les synergies de fusion sont deux fois plus élevées que prévu », *Les Échos*, juillet 2003.

43. Mucchielli J.-L., *Multinationales et mondialisation, op. cit.* ; « La Bourse applaudit l'OPA de Pechiney, les syndicats s'inquiètent », *Le Monde*, juillet 2003.

44. *Les Échos*, 23 mai 2007.

45. Rainelli M., *Les investissements étrangers aux USA*, Économica (1997).

46. Comme le montre la saga Eon/Endesa et l'accord passé entre Eon, Enel et Acciona sur le partage d'Endesa (sources : http://www.usinenouvelle.com/article/page_article.cfm?idoc=99965&nrub=1220).

47. Institut de l'Entreprise, Mercer Management Consulting, Audencia Nantes École de Management « Fusions Acquisitions : les défis de l'intégration », octobre 2003.

48. *Les Échos*, 23 mai 2007.

49. Johnson G., Scholes K., Witthington R., Fréry F., *Stratégique*, Pearson Education (2006).

50. Vernimmem P., Quiry P. et Le Fur Y. *Finance d'entreprise*, Dalloz (2005).

51. Mucchielli J.-L., *Multinationales et mondialisation, op. cit.*

52. Cohen E., « Le pouvoir des multinationales », *op. cit.*

53. Source : http://www.francetelecom.com/fr/espaces/actionnaires/communiques/CP_infos/cp050721.html

54. Huart J.-M., « La concentration des entreprises : quoi de neuf ? », *Problèmes économiques*, N°2688-2689, novembre 2000.

55. Rainelli M., *op. cit.*

56. Michalet C.-A. et Delapierre M., *La multinationalisation des entreprises françaises*, Gauthiers-Villars (1973).

57. Morsain A.-M., *Dictionnaire du management stratégique*, Belin (2000).

58. Lévy-Strauss C. Race et Histoire, Folio/Essais (1987).

59. Bournois F., Duval-Hamel J., *et al., op.cit.*

60. Une relation « d'agence » est un contrat par lequel une ou plusieurs personnes (l'actionnaire) engage(nt) une autre personne (le dirigeant) pour exécuter en son nom une tâche quelconque qui implique une délégation d'un pouvoir de décision à l'agent.

61. Roll R., « The hubris hypothesis of corporate takeovers », *Journal of Business*, 59, 1986.

62. Rojot J., *op . cit.* ; Bournois F., Duval-Hamel J., Roussillon S., Scaringella J.-L., *op. cit.*

63. *In Marianne*, août 2007 ; *in Paris Match*, 2007.

64. *In Le Nouvel Observateur*, 15 février 2007.

65. Johnson G., Scholes K., Witthington R., Fréry F., *op. cit.*

66. *Les Échos*, 23 mai 2007

67. Enriquez E., *Les jeux du pouvoir et du désir dans l'entreprise*, Desclée de Brouwer (1997) ; Kets de Vries M., *Leaders, fous et imposteurs, Combat contre l'irrationalité des managers*, ESKA (2000).

68. Lagadec P., « Un nouveau champ de responsabilité pour les dirigeants », *Revue française de gestion*, n° 108, mars-avril 1996. Voir également Rojot J., « Les théories et leur portée », *Personnel*, n° 407, février 2000.

69. Girard L., « Hewlett-Packard rachète Compaq pour résister à IBM et à Dell », *Le Monde*, septembre 2001.

70. Barnard C. I., *The functions of the executive*, Harvard University Press (1938).

71. « Fusions-Acquisitions : les défis de l'intégration », Institut de l'Entreprise, *op. cit.*

72. Anzieu D., *Le groupe et l'inconscient*, Dunod (1999).

73. Kaës R., *Le groupe et le sujet du groupe*, Dunod, 2004.

74. Reid S., *Mergers, Managers and the economy*, Mc Graw-Hill (1968) ; Black, *in* Duforez A., *Complexité organisationnelle des fusions-acquisitions*, Thèse de doctorat sous la direction de Rojot J., Paris, 1995.

75. « Fusions entre égaux, ego en fusion », *Les Échos*, décembre 2003.

76. Kets de Vries M., *op. cit.* ; *Combat contre l'irrationalité des managers*, Éditions d'Organisation (2002) ; Bournois F. et Roussillon S., *Préparer les dirigeants de demain*, Éditions d'Organisation (1998) ; Berger M., *La folie cachée des hommes de pouvoir*, Albin Michel (1993).

77. À l'origine de cette théorie, se trouvent les travaux de Shleifer A. et Vishny R. (1988), « Value Maximization and the Acquisition Process », *Journal of Economic Perspectives*, Winter, p. 7-20 .; Paquerot M., « L'enracinement des dirigeants et ses effets », *Revue française de gestion*, n° 111, Le métier de dirigeant, novembre-décembre 1996.

78. Coutinet N. et Sagot-Duvauroux D., *op. cit.*

79. Voir chapitre 1.

80. Charreaux G. et Desbrières P., « Gouvernance des entreprises, valeur partenariale contre valeur actionnariale », *Finance-Contrôle-Stratégie*, vol 1, n° 2 juin 1998.

81. Marck R., Shleifer A. et Vishny R., « Do managerial objectives drive bad acquisitions? », *Journal of Finance*, n° 451990 et Charreaux G., « Théorie financière et stratégie financière », *Revue Française de Gestion*, n° 92, 1993.

82. Voir également : Kelman H. C., « Compliance, identification and internalisation: three processes of opinion change », *Journal of conflict resolution*, n° 2, 1958.

83. Hymer S., *The international operation of national firms : a study of direct foreign investment*, Cambridge, MIT Press (1976).

84. Bournois F., Duval-Hamel J., *et al. op cit.*

85. Tersen D. et Bricout J.-L.., *op. cit.*

86. Montant J.-C., « Perspectives financières des fusions », Conférences de gestion, Paris 2, 2006

87. Usunier J.-C., *Environnement international et gestion de l'exportation*, PUF (1990).

88. *Comités exécutifs, voyage au cœur de la dirigeance, op. cit.*

89. Montant J.-C., *op. cit.*

90. Cohen E., *op. cit.*

91. Les exemples présentés ci-après sont volontairement simplifiés afin de donner au lecteur une vision d'ensemble des conséquences comptables d'une OFA.

92. Notons que la survaleur (ou *goodwill*) est obtenue après réévaluation des éléments d'actifs.

93. Jusqu'à une période récente, les entreprises américaines ou européennes qui procédaient à des apports de titres dans le but de « fusionner entre égaux » pouvaient utiliser une technique comptable dite de mise en commun d'intérêts (ou *pooling of interest*). Cette technique, qui pour être utilisée nécessitait que 90 % de la valeur de la cible soit payée en titres, présentait l'avantage de ne pas faire apparaître de surva-

leur (ou *goodwill*), diminuant ainsi le montant « apparent » des capitaux engagés. Les normes IFRS ont supprimé en Europe la possibilité de recours à la mise en commun d'intérêts (également impossible depuis 2001 aux États-Unis).

94. *Les Échos*, 3-4 août 2007.

95. La loi transpose en droit français une directive européenne du 21 avril 2004 visant à créer un cadre européen commun pour le déroulement des offres publiques.

96. Soulignons que de nombreuses offres sont aujourd'hui mixtes ou « mix & match », c'est-à-dire qu'elles combinent un paiement en cash et en titres, afin de mieux répondre aux besoins des investisseurs, notamment au niveau fiscal. Sur ce point, voir la *Lettre Vernimmen* n° 50 de septembre 2006.

97. Institut de l'Entreprise, Mercer Management Consulting, Audencia, « Fusions Acquisitions : les défis de l'intégration », octobre 2003.

98. Kitching J., « Why do mergers miscarry? », Harvard Business Review, 45 (6), 84-101, 1967,

99. Napier N. K., « Mergers and acquisitions, human resource issues and outcomes: a review and suggested typology », *Journal of management studies*, n° 26, 1989.

100. Appel H., Hein C., *Der Daimler Chrysler Deal*, Heyne (2000).

101. Marks, M.L., Mirvis, P.H., *Joining Forces: Making One Plus One Equal Three in Mergers, Acquisitions and Alliances*, Jossey-Bass (1997).

102. Haspeslagh P. C. et Jemison D. B., *Managing acquisitions, creating value through corporate renewal*, Free Press (1991).

103. Cartwright S. et Cooper C. L., *Managing mergers acquisitions and strategic alliances*, Butterworth-Heinemann (2000) ; « *Le mariage compliqué entre Vittel et Contrex* », *Le Monde*, 29 septembre 2004.

104. Chaumier S., *La déliaison amoureuse*, Armand Colin (2004).

105. Brenot P., *Inventer le couple*, Odile Jacob (2001).

106. « Déstabilisés, Schneider et Legrand réfléchissent à leur divorce », *Le Monde*, octobre 2001.

107. Voir sur ce point Fendt J., *The CEO in post-merger situations*, Eburon (2005).

108. « Axa intègre Winterthur en cédant ses filiales US » *Le figaro*, 6 janvier 2007.

109. Dowling P. J., Schuler R. S., « *Strategic performance measurement and management in multinational corporations* », Human Resource Management, vol. 30, n° 3, automne 1991.

110. « Fusions Acquisitions : Les défis de l'intégration », *op. cit.* ; « EU holds fish knife over merger "piranhas" », *Financial Times,* mars 2003.

111. Fligstein N., « The intra organizational power struggle: rise of finance top leadership in large corporations », 1919-1979, *American Sociological Review* 52, 44-58, 1987.

112. Source : http://www.euroinvestor.fr/News/ShowNewsStory.aspx?StoryID=9397912.

113. Moeller S., Schlingemann F. et Stulz R., « Firm size and the gain from acquisitions », *Journal of Financial Economics* 73, 201-228, 2004 ; Franks J., Harris R. et Titman S., « The postmerger share price performance of acquiring firms », *Journal of Financial Economics* 29, 81-96, 1991.

114. Rossi S et Volpin P., « Cross country determinants of Mergers and Acquisitions », *Journal of Financial Economics*, n°74, 2004, 277-304.

115. Voir sur ce point les travaux suivants : La Porta R., Lopez-De-Silanes F., Shleifer A., et Vishny R., « Legal determinants of external finance », *Journal of Finance*, vol. 52, n°. 3, 1997, 1131-1152. ; et La Porta R., Lopez-De-Silanes F., Shleifer, A., et Vishny R., « Law and finance », *Journal of Political Economy*, vol. 106, n°. 6, 1998, 1113-1155.

116. Moeller S., Schlingemann F. et Stulz R., « Firm size and the gain from acquisitions », *Journal of Financial Economics* 73, 201-228, 2004.

117. Jensen M., « Agency costs of free cash flow, Corporate finance and Takeovers », *American Economic Review* 76, 323-329 ; Lang L., Stultz R. et Walking R., « A test of the Free cash flow hypothesis: the case of bidder returns », *Journal of Financial Economics* 24, 137-134, 1989.

118. Doukas J., Holmen M. et Travlos N., « Diversification, ownership and control of Swedish corporations », *European Financial Management* 8, 281-314, 2002 ; Berger P. et Ofek E, « Diversification's effect on Firm value », *Journal of Financial Economics* 7, 39-65. 1995.

119. Danbolt J., « Target company cross-border effects in acquisitions into the UK », *European Financial Management* 10, 83-108, 2004.

120. Bournois F., Duval-Hamel J., *et al, op. cit.*

121. Il convient de consulter les deux articles suivants de la Commission des Opérations de Bourse: « Création de valeur actionnariale et communication financière », Bulletin COB n° 346, 2000 ; « Recommandation n°2001-01 relative à la communication des émetteurs sur la création de valeur actionnariale», Bulletin COB n° 356, avril 2001.

122. Magee D., *Comment Carlos Ghosn a sauvé Nissan*, Dunod (2005).

123. Cours de « Fusions-acquisitions » de Philippe Thomas, professeur ESCP-EAP.

124. Voir sur cette question l'article de Paul Pautler, « Evidence on Merger and Acquisitions », Working paper, Bureau of Economics, Federal Trade Commission, 2001.

125. Les firmes cibles faisant l'objet d'offres hostiles (*versus* une offre amicale) présentent une taille plus faible, une croissance plus rapide, un niveau d'investissement et une valorisation boursière moindres. Les firmes ayant fait l'objet d'une offre amicale sont en revanche plus jeunes et disposent encore d'un actionnaire fondateur (Morck, R., Shleifer A. et Vishny R., « Characteristics of Targets of Hostile and Friendly Takeovers », NBER working paper 2295, 1988).

126. Pour une revue de la littérature, le lecteur peut se référer à l'article suivant : Matynova M. et Renneboog L., « Mergers and acquisitions in Europe », ECGI, *Finance working paper* n° 114/2006, janvier 2006.

127. Jarrell G. et Poulsen A., « The returns of acquiring firms in tender offers: evidence from three decades », *Financial Management* 18, 12-19,1989 ; Mulherin J. et Boone H., « Comparing acquisitions and divestitures », *Journal of Corporate Finance* » 6, 117-139, 2000 ; Franck J. et Harris R., « Shareholder wealth effects of corporate

takeovers: the UK experience 1955-1985 », *Journal of Financial Economics* 23, 225-249, 1989 ; Danbolt J. « Target company cross-border effects in acquisitions into the UK », *European Financial Management* 10, 83-108, 2004 ; Georgen M. et Rennebog L., « Shareholder wealth effects of European domestic cross border takeover bids », *European Financial Management* 10, 9-45, 2004.

128. Lang L., Stultz R. et Walking R., « A test of the free cash flow hypothesis: the case of bidder returns », *Journal of Financial Economics* 24, 137-134, 1989 ; Franks J., Harris R. et Titman S., « The postmerger share price performance of acquiring firms », *Journal of Financial Economics* 29, 81-96, 1991 ; Kaplan S. et Weisbach M., « The success of acquisitions: evidence from divestitures », *Journal of Political Economy* 106, 107-138, 1992.

129. Ceddaha F., *op cit.*

130. Pour approfondir cette question, référez-vous notamment aux publications suivantes : Bedchuk L. et Ferell A., *A new approach to takeover law and regulatory competition* (2001) ; Berglof E. et Burkart M., *European takeover regulation*, Economy Policy (2003) ; Combe E., *Économie et politique de la concurrence*, Dalloz (2005) ; Cozian M., *Manuel Droit des sociétés*, Litec (2007), *Droit des sociétés commerciales*, Éditions Lamy (2006), *Droit des sociétés : juridique générale*, V° fusion Dalloz.

131. Voir en droit francais l'article 1 844-4 du Code civil et les articles 371 et suivants de la loi 66-537 du 24 juillet 1966 sur les sociétés commerciales.

132. Article 254 du décret n° 67-236 du 23 mars 1967.

133. Art. L. 236-10 du Code du commerce.

134. Cela peut être plus complexe, par exemple lors d'une émission d'obligations par la société absorbée.

135. Art. L. 236-4 du Code du commerce.

136. Cohen E., *L'ordre économique mondial : essai sur les autorités de régulation*, Fayard (2001) ; « Rachat d'Editis : Bruxelles épingle sévèrement le projet présenté par Lagardère », *Les Échos*, novembre 2003.

137. « La Bourse applaudit l'OPA de Pechiney, les syndicats s'inquiètent », *Le Monde*, juillet 2003.

138. « Alcan-Pechiney : Bruxelles et le CMF avalisent l'OPA », *Le Figaro,* septembre 2003.

139. Leontiades J., *Multinational Corporate Strategy: Planning for World Markets*, Lexington Books, Lexington (1987).

140. Freidheim C., *The trillion dollar entreprise*, Perseus Books (1998).

141. Ou plus récemment à l'OPA de Sanofi sur Aventis. « Politik will im Fusionsstreit zwischen Sanofi und Aventis vermitteln », *Handelsblatt*, janvier 2004.

142. *Handelsblatt*, 5 juillet 2007.

143. Notamment prévue par l'article L. 430 du Code du commerce. On notera aussi qu'une OFA peut être soumise à plusieures procédures nationales et communautaires.

144. Dans le cadre de la fusion Universal Music/BMG Publishing, la Commision a imposé la cession par Universal Music des catalogues Rondor et Zomba en Grande-Bretagne.

145. Cf. le cas Schneider/Legrand, *Le Figaro économique,* octobre 2001.

146. La problématique des fusions des IRP est étudiée dans le dernier chapitre de ce livre.

147. Cass. crim. DRT 12 du 30 novembre 1984, Cass. crim. 6 novembre 1975, Rép. minist. 9 septembre 1985.

148. Art. L. 432-1 et suivants du Code du travail.

149. Cass. crim. 6 avril 1993.

150. Cass. soc. 12 novembre 1997.

151. Cohen M., *Droit des comités d'entreprise,* LGDJ (2000).

152. Cass. crim. 25 avril 1989, 28 novembre 1984.

153. Opération de concentration au sens de l'article 86 de la loi NRE (art. L. 430-1 du Code du commerce), la fusion de deux entreprises antérieurement indépendantes, l'acquisition par une ou plusieurs entreprises directement ou indirectement du contrôle d'une ou de plusieurs autres entreprises ou la création d'une entreprise commune.

154. Favennec-Hery F. « la consultation des représentants du personnel sur le transfert du personnel » Dr. Soc. août 2005.

155. TGI de Lyon, 18 octobre 1984.

156. Cass. crim. 16 juin 1984, 25 avril 1989, 18 juin 1991, 2 mars 1978.

157. Mazeaud A., « Le sort des contrats de travail lors des transferts d'entreprise », Dr. Soc.,août 2005.

158. Cass. soc. 24 janvier 1990.

159. CJCE, 16.12.1992, JOCE N° C-22.

160. Albert E., Bournois F. *et al., op. cit.*

161. Cass. soc. 10 décembre 1984.

162. Olivier J.-M.., « L'impact des transferts sur les normes collectives en vigueur dans l'entreprise », Dr. Soc., août 2005.

163. Cass. soc. 1er décembre 1993.

164. Aubree Y., « Concept légal d'avantages individuels acquis », *Revue de jurisprudence sociale,* novembre 2000.

165. Gruter H., « Unternehmungsakquisitionen », Bern (1991).

166. Pour une définition générale de la culture d'entreprise: Thévenet M., *La culture d'entreprise,* PUF (1999).

167. Schein E. H., *Organizational culture and leadership,* 2e éd., Jossey Bass (1992).

168. Une synthèse de ces typologies est disponible dans la thèse de doctorat de gestion d'A. Duforez, *op. cit.*

169. Haspeslagh P. et Jemison D., *Managing Acquisitions. Creating Value through Corporate Renewal,* Free Press (1991).

170. Napier N. K., « Mergers and acquisitions, human resource issues and outcomes: a review and suggested typology », *op. cit.*

171. Cartwright S. et Cooper C. L., *op. cit.*

172. Nahavandi A. et Malekzadeh A., *Organizational Culture in the Management of Mergers,* Quorum Books (1993).

173. Jansen S.,« 10 Thesen gegen post merger integration management », *Organisationsentwicklung,* 2000/1.

174. Perlmutter H.,.*op. cit.*

175. « Au sommet des Agf, Allianz s'installe en patron », *L'Expansion*, novembre 2000 ; Paillerets (de) M., *La fusion Agf-Allianz, Maîtriser l'incertitude*, ESCP-EAP, 2000.

176. Voir par exemple les pratiques d'Accor, BNP Paribas, Carrefour, Dexia, Lafarge, Total et Vinci publiées par l'Institut de l'Entreprise in *Fusions acquisitions, op. cit.*

177. Demeure F., « Fusion, Mode d'emploi », *Revue Française de Gestion*, nov.-déc. 2000.

178. Kramer R., « Organizational aspects of postmerger integration », *in M&A Europe*, 1990 ; Jansen S., « Post Merger Management in Deutschland » Teil I., *M&A Review*, 2000.

179. On retrouve en cela l'approche de Kotter J., Heskett J.-L., *Culture et Performances*, Éditions d'Organisation, 1995.

180. Trompenaars F., *L'entreprise multiculturelle*, Maxima, 2005. Pour décrypter les modes managériaux, on pourra se référer avec intérêt aux travaux de Renaud Sainsaulieu sur les mondes sociaux.

181. Mayer P., « Organisation en crise. Une perspective clinique et analytique », *Gérer et comprendre*, n° 28, 1992.

182. Jansen S., *op. cit.* ; Morosini P., *Managing cultural differences*, Oxford (1999).

183. Airaudi S., « Tu fusionneras dans la douleur », *Management* , juin 2000.

184. Davidson M., Neumann P., « 7 verhaengnisvolle Illusionen bei der Integration nach Mergers », *M&A Review*, 1997

185. Egg G., *1 + 1 = 3… Réussir une fusion d'entreprise*, Liaisons (1991) ; Hase S., *Integration akquirierter Unternehmen*, Berlin (1996).

186. Leroy F. et Ramantsoa B., « The cognitive and behavioral dimensions of organizational learning in a merger » *Journal of Management Studies*, 34, 1997.

187. Broekhuysen W., « Comment réussir la fusion d'entreprises et de cultures différentes ? », *Gérer et comprendre*, n° 16, septembre, 1989.

188. Metz-Larue S., Barthélemy B., *Les OPA et après ?*, Eyrolles, 1991.

189. Metz-Larue S., Barthélemy B., *op. cit* ; Bouchoucha D. et Menayas B., *Les mégafusions, les lendemains de la bataille boursière*, mémoire de fin d'études, Corps des mines, septembre 2000.

190. *Le Monde*, 23 octobre 2000.

191. Egg G., « Fusions et GRH, les principes plus importants que les outils », *op. cit.* ; Napier N. K., *op. cit.* ; Buono A. F., « Managing joint ventures : inter firm tensions and pitfalls », *Advanced Management Journal*, Spring, 1990 ; Guillot-Pelpel V., « Les fusions : quelle communication ? », *Entreprise et Média*, mai 2000.

192. Haspeslagh P. C. et Jemison D. B., *op cit.* ; Jemison D. B. et Sitkin S. B., « Corporate acquisitions : a process perspective », *Academy of management review*, vol. 11, 1986 ; Evrard K. et Paturel R., « L'intégration culturelle dans les opérations de croissance externe », *Revue de gestion des ressources humaines*, n° 25, mars-avril 1998.

193. « Daimler-Chrysler : après huit mois de vie commune », *L'Usine Nouvelle*, janvier 1999.

194. « Entretien avec Christian Lajoux, directeur général de la filiale commerciale France de Sanofi-Synthelabo », *Management et conjoncture sociale*, n° 568, novembre 1999.

195. « Aventis mise sur l'ensemble des salariés pour réussir la fusion », *Enjeux*, février 2000 ; « GlaxoWellcome se forge une nouvelle culture », *Entreprise et Carrières*, n° 384, du 22 au 28 avril 1997 ; « Auchan-Docks de France. Le croisement des équipes : une priorité », *Les Échos*, janvier 1997.

196. Marks M. L., Mirvis P. H., *Joining Forces: Making One Plus One Equal Three in Mergers, Acquisitions and Alliances*, Jossey-Bass (1998) ; Egg G., « Fusions et GRH, les principes plus importants que les outils », *op. cit.* ; Napier N.K., Simmons G., Stratton K., « Communication during a merger: experience of two banks », *Human Resource Planning*, vol. 12 n° 2, 105-22, 1989 ; Buono A., « Managing joint ventures : inter firm tensions and pitfalls », *op. cit.* ; Guillot-Pelpel V., « Les fusions : quelle communication ? », *op. cit.* ; Broekhuysen W., « Comment réussir la fusion d'entreprises et de cultures différentes ?», *op. cit.*

197. Napier N. K *et al.*, *Communication during a merger, op. cit.*; Evrard-Samuel K., « Prévenir les difficultés post-fusion/acquisition en utilisant la gestion de crise », *Revue française. de gestion*, n° 145, 41-54, 2003/4.

198. Barus-Michel J., Giust-Desprairies F. et Ridel L., *Crises : approche psychosociale clinique*, Desclée de Brouwer, 1996.

199. Lagadec P., *Cellules de crise : les conditions d'une conduite efficace*, Paris, Éditions d'Organisation, 1995.

200. Winnicott D. W., *De la pédiatrie à la psychanalyse*, Payot, 1957.

201. Rojot J., Bergmann A., *Comportement et organisation,* Vuibert Gestion, 1989.

202. Toussaint D., *Psychanalyse de l'entreprise*, L'Harmattan, 2000.

203. La notion de société ex-societatibus s'opposant au concept de société *ex nihilo* ; Duval-Hamel, J., *in Mélanges en l'honneur de Bernard Galambaud*, Économica (2004).

204. Selznick P., *Leadership in administration*, Harper & Row (1957).

205. Dowling P. J., Schuler R. S., *op. cit.*

206. Albert E., Bournois F. *et al.*, *Pourquoi j'irais travailler ?, op. cit.*

207. Airaudi S., « Tu fusionneras dans la douleur », *op. cit.*

208. Kaës R., *Le groupe et le sujet du groupe, op .cit.*

209. Barus-Michel J. et al., *op. cit.* ; Louart P., *Encyclopédie de la gestion et du management*, Dalloz, 1999 ; Lagadec P., « Un nouveau champ de responsabilité pour les dirigeants », *op. cit.* ; Forgues B., « Nouvelles approches de la gestion des crises », *Revue française de gestion,* 72-78, 1996. ; Roux-Dufort C., *op. cit.*

210. « Les cahiers Bernard Brunhes », n° 17, décembre 2006.

211. Thévenet M., « Une gestion européenne des ressources humaines est-elle possible ? », *Revue française de gestion*, n° 83, mars-avril-mai 1991.

212. Albert E., Bournois F. et al., *Pourquoi j'irais travailler ?, op. cit.*

213. « Employers fear merger rules may boost staff rights », *Financial Times*, octobre 2003.

214. Millot M. et Roulleau J.-P., « Les relations sociales en Europe », *Liaisons sociales*, 2005.

215. « Fusion Schneider-Legrand », *Le Figaro*, octobre 2001.

216. « Pilots warn of court action on KLM, Air France Merger », *Financial Times,* septembre 2003.

217. « Pensions danger in takeovers », *Evening Standard,* juin 2003.

218. « Rapprochement social Total Fina-Elf », *Liaisons Sociales Bref Social,* n° 13 118, mars 2000.

219. « Les "nouvelles" AGF décloisonnent leur dialogue social », *Les Échos,* septembre 1999.

220. « BNP Paribas vers une commission d'information et de concertation », *La Tribune,* septembre 1999 ; « Aventis, un mariage mieux vécu en interne que l'union Agf-Allianz », *Liaisons Sociales,* septembre 2000 ; « Harmonisation sociale Sanofi-Synthelabo », *Liaisons Sociales,* n° 12 890, avril 1999.

221. Bournois F., Duval-Hamel J, *et al., Comité exécutif, voyage au cœur de la dirigeance, op. cit.*

222. *Le Figaro Économie,* décembre 2003.

223. Bournois F., Duval-Hamel J, *op. cit.*

224. Gerpott T. J, « Ausscheiden von Top-Managern nach Akquisitionen : Segen oder Fluch ? Empirische Befunde zu Zusammenhängen zwischen der Ausscheidungsquote von Top-Managern und der Erfolgswirkung akquirierter Unternehmen », *Zeitschrift für Betriebswirschaft,* 1993.

225. Walsh J.P. , « Top management turnover following mergers and acquisitions », *op. cit.* et dans l'explication du phénomène, cf. Sire B. et Tremblay M., « Perspective sur les politiques de rémunération des dirigeants en France », *Revue Française de Gestion,* n° 111, novembre 1996 ; « Golden parachutes: are they a necessary component of mergers & acquisitions? », *Banking Policy Report,* août 1998.

226. Lajoux A. R., *op. cit.*

227. « Hoechst-Rhône Poulenc, une fusion vue de l'intérieur », *L'Essentiel du Management,* n° 53, juillet 1999.

228. Par exemple, « Aventis Pharma nomme ses équipes de direction dans la transparence », *Les Échos,* septembre 1999 ; « Daimler Chrysler : un mariage de déraison ? », *M&F,* mars 2000 ; « BNP-Paribas : rapprochement progressif », *Le Figaro,* décembre 1999 ; « Projet de fusion Ciba-Sandoz : Nouvelles désignations pour le futur groupe Novartis », note interne, juin 1996.

229. « Lyonnais : le Crédit Agricole appose sa griffe », *Le Figaro,* juin 2003 ; « Peyrelevade : il y a une morale dans l'histoire du Lyonnais », *Le Figaro,* juin 2003.

230. Par exemple, « Aventis mise sur l'ensemble des salariés pour réussir la fusion », *Liaisons Sociales,* septembre 2000.

231. Marks M. L. et Mirvis P. H., *Joining forces, op. cit.*

232. Gut-Villa C., *Human Ressource Management bei Mergers & Acquisitions,* Dissertation der Wirtschaftswissenschaftlichen Fakultät der Universität Zürich, 1997.

233. Clemente M. N. et Greenspan D. S., *op. cit.*

234. Haspeslagh P. C. et Jemison D. B., *op. cit.*

235. Gerpott T. J, Schreiber K. « Lernprozesse im Zeitwettbewerb », *in* Simon H., Schwuchow K. (Hrsg.), *Management : Lernen und Strategie* (1994).

236. Le stress ne touche pas seulement le personnel en interne, mais parfois aussi les clients et les fournisseurs : Needham J.M., *"Paying the postmerger piper" in* Duforez A., *op. cit.*

237. Pritchett P., *After the Merger: Managing the Shock Waves, op. cit.* ; Marks M. L. et Mirvis P. H., *Joining forces, op. cit.* ; Buono A. F., Bowditch J. L. et Lewis W., *The cultural dynamics of transformation : the case of a bank merger, Corporate transformation : Revitalizing organizations for a competitive world,* Jossey Bass (1988).

238. Sainsaulieu R., *Les mondes sociaux de l'entreprise,* Desclée de Brouwer (1995) ; Sainsaulieu R., *L'identité au travail,* PFNSP (1988).

239. Marks M. L. et Mirvis P. H., *Joining forces, op. cit.* ; Shrivastava P., « Post merger integration », *op. cit.* ; Cartwright S. et Cooper C. L., *Mergers and acquisitions: the human factor, op. cit.*

240. Weber B., *Akquisitionsstrategie : Wertsteigerung durch Übernahme von Unternehmungen, op. cit.* ; Ivancevich J. M. et Matteson M. T., « Merger and acquisitions stress, fear and acquisition stress, fear and uncertainty at mid-career », *Prevention in Human Services,* 1.1990.

241. Metz-Larue S. et Barthelemy B., *op. cit.*

242. « Aventis mise sur l'ensemble des salariés pour réussir la fusion », *Enjeux,* février 2000.

243. Berry J. W. *et al., Culture and cognition : readings in cross-cultural psychology,* Methuen (1974).

244. « Sanofi-aventis », Liaisons Sociales, Août 2004 ; Clemente M. N. et Greenspan D. S., *op. cit.* ; Schleifer A. et Summers L.H., « Breach of trust in hostile takeovers » *in Corporate Takeover Causes or Consequences,* The University of Chicago Press (1988) ; Mallet L. *et al.,* « À quoi servent les plans sociaux ? », *Travail et Emploi,* n° 72, 1999 ; Weston J. et Weaver S., *Mergers and Acquisitions,* McGraw Hill (2001).

245. « Daimler impose à Chrysler une sévère restructuration », *Le Monde,* janvier 2001 ; « Schröder in Sorge um Aventis-Arbeitsplätze », *Süddeutsche Zeitung,* janvier 2004.

246. *Libération,* 27 avril 2001.

247. « Accords d'entreprise », *Liaisons Sociales Bref Social,* n° 12592, janvier 1998 ; « Aventis, un mariage mieux vécu en interne que l'union AGF-Allianz », *Liaisons Sociales Magazine,* septembre 2000 ; « Jean-Marie Messier tente une opération séduction chez Canal Plus », *La Tribune,* novembre 2000 ; « Sur la voie de la fusion Total Fina-Elf », *Énergies,* automne-hiver 1999 ; « Gérer l'après-fusion », *Le Figaro,* décembre 1999 ; « Aventis, un mariage mieux vécu en interne que l'union AGF-Allianz », *op. cit.* ; « Les syndicats de Thomson-CSF ont signé les accords-cadres sur l'emploi », *La Tribune,* novembre 1998 ; « Sur la voie de la fusion Total Fina-Elf », *op. cit.* ; « Les syndicats de Thomson-CSF ont signé les accords-cadres sur l'emploi », *op. cit.* ; « Accords d'entreprise », *op. cit.*

248. « Glaxo SmithKline France se restructure avant de voir le jour », *La Tribune,* janvier 2001.

249. Lajoux A. R., *The art of M&A integration, op. cit.*

250. Evrard K. et Paturel R., « L'intégration culturelle dans les opérations de croissance externe », *op. cit.*

251. « Fusions-acquisitions : Les chemins de la réussite », *Les Échos*, janvier 1997.

252. Par exemple, « Dans l'assurance, des réalités très variées », *Les Échos*, novembre 1999 ; « Fusions : cent jours pour garder les meilleurs », *Enjeux Les Échos*, mai 1999.

Index

www.ingramcontent.com/pod-product-compliance
Lightning Source LLC
Chambersburg PA
CBHW061210220326
41599CB00025B/4594